초등 문해력
향상 프로그램
어휘편

어휘 가 보여야
문해력 이 자란다

문해력 잡는
초등 어휘력

B-2 단계

· 초등 3~4학년 ·

초등교과서에 나오는 과목별 학습개념어 총망라

★ 문해력 183문제 수록! ★

아울북

문해력의 기본,
왜 초등 어휘력일까?

21세기 교육의 핵심은 문해력입니다. 국어 사전에 따르면, 문해력은 '문자로 된 기록을 읽고 거기 담긴 정보를 이해하는 능력'입니다. 여기에 더해 글을 비판적으로 읽고 자신만의 관점을 가지는 것 역시 문해력이지요. 그러기 위해서는 문장을 이루고 있는 어휘의 뜻을 정확히 알고, 해당 어휘가 글 속에서 어떤 역할을 하고 있는지 깨닫는 과정이 필요합니다.

초등학교 3~4학년 시절 아이들이 배우고 쓰는 어휘량은 7,000~10,000자 정도로 급격하게 늘어납니다. 그중 상당수가 한자어입니다. 그렇기에 학년이 올라가면서 교과서와 참고서, 권장 도서 들을 받아드는 아이들은 혼란스러워 합니다. 해는 태양으로, 바다는 해양으로, 세모는 삼각형으로, 셈은 연산으로 쓰는 경우가 부쩍 늘어납니다. 땅을 지형, 지층, 지상, 지면, 지각처럼 세세하게 나눠진 한자어들로 설명합니다. 분포나 소통, 생태처럼 알 듯 모를 듯한 어려운 단어들이 불쑥불쑥 등장하기 시작합니다.

우리말이니까 그냥 언젠가 이해할 수 있겠지 하며 무시하고 넘어갈 수는 없습니다. 초등학교 시절의 어휘력은 성인까지 이어지니까요. 10살 정도에 '상상하다'나 '귀중하다'와 같이 한자에서 유래한 기본적인 어휘의 습득이 마무리된다는 연구 결과를 내놓은 학자도 있습니다. 반대로 무작정 단어 뜻을 인터넷에서 검색하고 영어 단어를 외우듯이 달달 외우면 해결될까요? 당장 눈에 보이는 단어 뜻은 알 수 있지만 다른 문장, 다른 글 속에 등장한 비슷한 단어의 뜻을 유추하는 능력은 길러지지 않습니다. 문해력의 기초가 제대로 다져지지 않는다는 의미입니다.

결국 자신이 정확하게 알고 있는 단어를 통해 새로운 단어의 뜻을 짐작하며 어휘력을 확장시켜 가는 게 가장 좋습니다. 어휘력이 늘어나면 교과 개념을 정확하게 이해하고, 학습 내용도 빠르게 습득할 수 있지요. 선생님의 가르침이나 교과서 속 내용이 무슨 뜻인지 금방 알 수 있으니까요. 이 힘이 바로 문해력이 됩니다. 〈문해력 잡는 초등 어휘력〉은 어휘력 확장을 통해 문해력을 키우는 과정을 돕는 책입니다.

정춘수 기획위원

문해력 잡는 단계별 어휘 구성

〈문해력 잡는 초등 어휘력〉은 사용 빈도수가 높은 기본 어휘(씨글자)240개와 학습도구어와 교과내용어를 포함한 확장 어휘(씨낱말) 260개로 우리말 낱말 속에 담긴 단어의 다양한 뜻을 익히고 이를 통해 문해력을 키우는 프로그램입니다. 한자의 음과 뜻을 공유하는 낱말끼리 어휘 블록으로 엮어서 한자를 모르는 아이도 직관적으로 그 관계를 파악할 수 있습니다. 초등 기본 어휘와 어휘 관계, 학습도구어, 교과내용어 12,000개를 예비 단계부터 D단계까지 전 24단계로 구성해 미취학 아동부터 중학생까지 수준별 학습이 가능합니다. 어휘의 어원에 따라 자유롭게 어휘를 확장하며 다양한 문장을 구사하는 능력을 기르는 동안 문장 사이의 뜻을 파악하는 문해력은 자연스럽게 성장합니다.

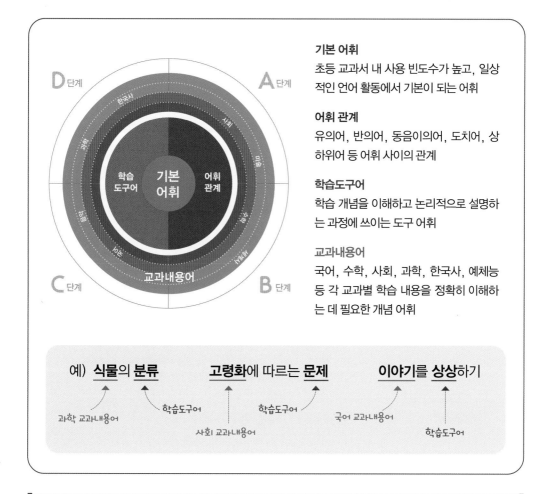

기본 어휘
초등 교과서 내 사용 빈도수가 높고, 일상적인 언어 활동에서 기본이 되는 어휘

어휘 관계
유의어, 반의어, 동음이의어, 도치어, 상하위어 등 어휘 사이의 관계

학습도구어
학습 개념을 이해하고 논리적으로 설명하는 과정에 쓰이는 도구 어휘

교과내용어
국어, 수학, 사회, 과학, 한국사, 예체능 등 각 교과별 학습 내용을 정확히 이해하는 데 필요한 개념 어휘

어휘력부터 문해력까지, 한 권으로 잡기

씨글자 | 기본 어휘

기본 어휘
하나의 씨글자를 중심으로
어휘를 확장해요.

낱말밭 | 어휘 관계

어휘 관계
유의어, 반의어, 전후
도치어 등의 어휘 관계를
통해 어휘 구조를 이해해요.

씨낱말 | 교과내용어

확장 어휘
둘 이상의 어휘 블록을
연결하여 씨낱말을 찾고
어휘를 확장해요.

어휘 퍼즐

어휘 퍼즐
어휘 퍼즐을 풀며 익힌 어휘를
다시 한번 학습해요.

종합 문제

종합 문제
종합 문제를 풀며
어휘를 조합해 문장으로
넓히는 힘을 길러요.

문해력 문제

문해력 문제
여러 어휘로 이루어진 문장의 의미를
파악하고 글의 맥락을 읽어 내는
문해력을 키워요.

1장

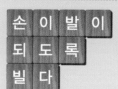

몸을 움직이면 운동, 차를 움직이면 운전

運
움직일 운

빈칸에 들어갈 말은 뭘까요? 맞아요, 운동이지요. 방학이라고 누워만 있다가 오른쪽 그림처럼 되지 않으려면 운동을 해야 해요. 운동(運動)은 건강을 위해 움직이는 거예요. 움직이는 걸 운(運)이라고 해요.

그럼 자동차를 움직이는 것을 뭐라고 할까요? (　　　)

① 운항　　　　② 운전　　　　③ 운동

맞아요! ②번 운전이에요. 자동차는 바퀴를 굴려 움직여요. 운전은 기계 장치를 움직여 굴러가도록 하는 거고, 운항은 비행기나 배를 움직여 강이나 바다를 건너는 거지요. 비행기나 배는 굴러간다기보다는 날거나 떠서 가기 때문이에요. 옆 그림 좀 보세요. 비가 너무 많이 와서 열차를 '운행'할 수 없나 봐요. 운행(運行)은 정해진 길을 따라 움직여서 가는 거예요. 버스나 기차에 주로 쓰는 말이지요.

運　움직일 운

- **운동**(運 動움직일 동)
  건강을 위해 움직임
- **운전**(運 轉구를 전)
  기계 장치를 움직여 굴러가게 함
- **운항**(運 航건널 항)
  배나 비행기를 움직여 건너다님
- **운행**(運 行갈 행)
  정해진 길을 따라 움직여 감

6

 저는 웨딩숍을 **운영**해요.

 저는 택시 회사를 **운영**해요.

- **운영**(運 營경영할 영)
단체나 회사가 잘 움직이도록
경영하는 것
- **운영자**(運 營 者사람 자)
운영하는 사람
- **운영 위원**
(運營 委맡길 위 員사람 원)
운영의 책임을 맡은 사람
- **운동**(運動)
사람들의 마음을 움직이는 활동

'운'은 보이지 않는 것도 움직일 수 있어요. 운영은 어떤 단체나 회사가 잘 움직일 수 있도록 경영하는 거예요. 무언가를 운영하는 책임을 맡은 사람은 운영자 또는 운영 위원이라고 해요.
빈칸을 채우며 계속 읽어 보세요.
학교가 잘 움직이도록 운영하는 사람은 학교 ☐☐ 위원,
인터넷 카페를 운영하는 사람은 카페 ☐☐자라고 해요.

자, 그럼 사람들이 환경을 보호하도록 여러 가지 방식으로 애쓰는 활동을 뭐라고 할까요? (　　　)

① 환경 운동　② 환경 운항　③ 환경 운행　④ 환경 운영

그렇지요! ①번 환경 운동이에요. 몸을 움직이는 것도 운동이지만, 마음을 움직이는 것도 운동이지요. '환경 운동'은 사람들의 마음을 움직이는 활동이잖아요.
선거에서 자신을 뽑아 달라고 힘쓰는 활동은 뭐라고 할까요?
그래요. 선거 운동이에요. 그 사람을 뽑고 싶은 마음이 들게 해야 하니까 이것도 '운동'이에요.

🔔 운지법
운지법(運 指손가락 지 法방법 법)은 악기를 다룰 때 손가락을 움직이는 방법이에요. 악기를 배울 때 가장 먼저 익혀야 해요.

이집트인들은 피라미드의 돌을 어떻게 옮겼을까요? 통나무 위에 돌을 굴려서 옮겼어요. 운반(運搬)은 이렇게 물건을 나르고 옮기는 것을 말해요. 운송(運送)은 운반과 비슷한 말이에요. '여객 운송'처럼 '운송'은 사람에게 쓰기도 해요. 하지만 사람을 '운반'한다는 말은 쓰지 않으니까 조심해야 해요.

운송이나 운반의 대가로 주는 돈은 운임이에요. 운송할 때 드는 비용이니까 운송비라고도 하지요.

그럼 사람과 물건을 나르는 배는 뭐라고 할까요? 바로 운송선이에요.

운송선에는 여객선과 화물선이 있어요. 여객선은 여행하는 사람을 나르는 배고, 화물선은 물건을 나르는 배예요.

> 옆 그림을 봐요! 진수가 뭐라고 대답해야 좋을까요? (   )
>
> ① 그래? 나 신년 운세 좀 봐 줘.
> ② 그래? 너희 아빠 회사에 트럭 많겠다.

우리 아빠는 **운수** 회사 사장님이야.

정답은 ②번이겠지요? 운수는 아주 많은 화물이나 사람을 나를 때 쓰는 말이에요. 이렇게 운(運)은 '옮기다'라는 말이에요. 바닷길로 옮기면 해운, 배로 옮기면 항운이지요.

운하(運河)는 물건을 옮기기 위해 육지에 파 놓은 물길을 뜻해요. 자동차와 철도가 발달하지 않았던 옛날에는 운하가 아주 쓸모 있는 교통수단이었어요.

運 옮길 운

운반(運 搬옮길 반)
물건을 날라 옮김

운송(運 送보낼 송)
물건이나 사람을 날라 옮김

운임(運 賃품삯 임)
날라 옮겨 주는 대가로 받거나 주는 돈

운송비(運送 費비용 비)
운송할 때 드는 돈

운송선(運送 船배 선)
사람과 물건을 나르는 배

🔔 **통운**
화물 트럭에 '○○통운'이라고 적힌 것을 본 적 있어요? 통운(通통할 통 運)은 '교통 운수'를 줄인 말이에요. 역시 물건을 실어 옮긴다는 말이지요.

운수(運 輸나를 수)
아주 많은 화물이나 사람을 나름

해운(海바다 해 運)
바닷길로 옮김

항운(航배 항 運)
배로 옮김

운하(運 河물 하)
물건을 옮기려고 육지에 파 놓은 물길

운이 없다니, 무슨 말이지요? (   )

① 재수가 없다   ② 운반할 것이 없다.

정답은 ①번이에요. 여기서 운(運)은 운수를 말해요.
운수는 '재수'와 같은 말이에요.
또 어떤 말이 있는지 빈칸을 채워 보세요.
어쩌다 찾아온 아주 좋은 운수는 행운(幸運),
나라의 운수는 국☐,
집안의 운수는 가☐이라고 해요.

오른쪽에 보이는 건 신문에 자주 나
오는 '오늘의 운세'지요. '오늘의 운
세'는 띠별로 그날의 운세를 알려
줘요.
운세(運勢)는 운수가 닥쳐오는 형세나 모양을 말해요. '오늘의
운세'가 좋으면 운수, 즉 재수가 좋다는 뜻이지요. 그럼 운세가
나쁘면요?
하하, 그런 걸 누가 믿어요? 재미 삼아 보는 거지요!
운수가 막히지 않고 탁 트인 것은 운수 대통이라고 해요.
새해에는 사람들이 서로에게 '운수 대통'하라고 말하지요.
모든 일에 막힘이 없이 잘되어 가길 바란다는 말이에요.

運 운수 운

- 운수(運 數운수 수)
사람이 알 수 없는 운명과 처지
- 행운(幸다행 행 運)
우연히 찾아온 좋은 운수
- 국운(國나라 국 運)
나라의 운수
- 가운(家집 가 運)
집안의 운수
- 운세(運 勢형세 세)
운수가 닥쳐오는 형세나 모양
- 운수 대통
(運數 大큰 대 通통할 통)
운수가 막히지 않고 탁 트임

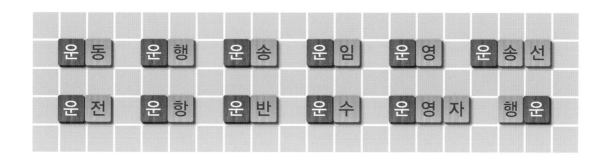

씨글자
블록 맞추기

움직일 운

| 운동 |
| 운전 |
| 운항 |
| 운행 |
| 운영 |
| 운영자 |
| 운영 위원 |
| 운지법 |
| 운반 |
| 운송 |
| 운임 |
| 운송비 |

① 주어진 한자를 따라 쓰세요.

송 비 ─ 해 ─ 運 ─ 동 ─ 행
전   수

움직일 운

② 어떤 낱말에 대한 설명인지 쓰세요.

1) 기계 장치를 움직여 굴러가게 함 → ☐☐

2) 단체나 회사가 잘 움직이도록 경영함 → ☐☐

3) 물건이나 사람을 날라 옮김 → ☐☐

4) 날라 옮겨 주는 대가로 받거나 주는 돈 → ☐☐

5) 운수가 막히지 않고 탁 트임 → ☐☐ ☐☐

③ 알맞은 낱말을 찾아 문장을 완성하세요.

1) 우리나라는 일본의 식민지가 되면서 ☐☐이 기울었어요.

2) 새해 복 많이 받으시고, ☐☐ 대통하시길!

3) 네 잎 클로버는 ☐☐을(를) 가져온대요.

4) 사무실의 짐을 서울까지 날라 준 것에 대한 ☐☐은 40만 원이야.

5) 고속도로에서 졸음 ☐☐은 정말 위험해.

4 문장에 어울리는 낱말을 골라 ○표 하세요.

1) 물건을 날라 옮기는 것은 (운반 / 운임)이야.

2) 물건을 바닷길로 옮기면 (해운 / 운임)이지.

3) 어쩌다 찾아온 아주 좋은 운수는 (가운 / 운임)이야.

4) 비가 많이 와서 열차를 (운동 / 운행)할 수 없나 봐.

5 글자판에서 '운'이 사람이나 물건을 나른다는 뜻으로 쓰인 낱말을 찾으세요. (낱말은 가로나 세로로 이어져 있어요.)

인	해	운	반	장
천	첩	송	종	국
행	운	수	운	영
통	명	술	임	타
운	지	법	통	노

6 그림을 보고, 알맞은 낱말을 쓰세요.

1) 사람과 물건을 나르는 배는 ·························· 운송 [ ]

2) 운송할 때 드는 비용은 ·························· 운송 [ ]

운송선
통운
운수
해운
항운
운하
운수
행운
국운
가운
운세
운수 대통

초강력이 셀까?
초능력이 셀까?

力
힘 력

자아~ 한 번 붙이면 절대 안 떨어지는 □□ 접착제, 단돈 천 원!

위 그림의 빈칸에 들어갈 말은 뭘까요? (   )

① 충격   ② 강력   ③ 무력   ④ 금속

정답은 ②번 '강력'이에요. 강력(强力)은 강한 힘이지요. 여기서 력(力)은 '힘'을 뜻해요. 그럼 강력보다 더 강한 건 뭐라고 할까요? 답은 초강력. '초(超)'는 '뛰어넘다'라는 말이에요. 강한 걸 뛰어넘을 정도로 매우 강력하다는 거지요.
눈으로 볼 수 있는 힘은 시력(視力),
귀로 들을 수 있는 힘은 청력(聽力)이에요.

손빨래를 잘하려면 어떤 힘이 필요할까요? (   )

① 약력   ② 청력   ③ 악력   ④ 시력

정답은 ③번 악력이에요. 악력은 악한 힘이 아니고 손으로 쥐는 힘이에요. 여기서 '악(握)'은 '악수'의 '악'이에요. 악력이 세면 악수할 때 조심해야 해요.

퀴즈 막가쳐~ 또로로!

내 여친이야 특기는 사과 맨손으로 깨뜨리기!

力   힘 력

■ **강력**(强강할 강 力)
강한 힘
■ **초강력**(超넘을 초 强力)
매우 강력함
■ **시력**(視볼 시 力)
눈으로 보는 힘
■ **청력**(聽들을 청 力)
귀로 듣는 힘
■ **악력**(握잡을 악 力)
손으로 쥐는 힘

🔔 접착력과 세척력
달라붙는 힘은 접착력(接이을 접 着붙을 착 力), 때가 잘 빠지게 씻어 주는 힘은 세척력(洗씻을 세 滌빨 척 力)이지요.

너, 내가 북극곰이랑 놀지 말랬지? 걘 북극에 살아. 여긴 남극이구.

아얏! 엄마 이건 엄연한 **폭력**이에요!

일부러 거칠고 사나운 힘을 휘두르는 것을 폭력이라고 해요. 폭력은 사람을 때리거나 위협해서 억누르는 힘을 말해요.

능력(能力)은 무엇을 할 수 있는 힘이에요. 능력 있는 사람은 많지만 초능력을 가

진 사람은 드물어요. 초능력은 보통의 능력을 뛰어넘는 엄청난 능력이지요.

초능력을 가지고 싶다고요?

흐음…, 그런데 진정한 힘은 노력에서 나온다는 거 아세요?

노력(努力)은 어떤 일을 이루기 위해 몸과 마음을 다해 애쓰는 거예요. 노력은 혼자 할 수도 있고 여럿이 힘을 합쳐서 할 수도

있어요. 다른 사람의 도움을 안 받고 자기 혼자 힘으로 해 나가면 스스로 자(自)를 써서 자력, 다른 사람과 힘을 합해 서로 도우면 도울 협(協)을 써서 협력이에요.

으악, 내 쇠또옹~ 이틀이나 걸린 나의 **역작**을!

역작(力作)은 온 힘을 다해 만든 작품을 말해요.

여기서 '역'의 뜻은 뭘까요? 맞아요, '힘을 다한다'예요.

힘껏 하는 게 또 뭐가 있을까요?

역주가 있어요. 힘껏 달린다는 말이지요. 마라톤 같은 육상 경기나 자전거 경주 등에서 쓰는 말이지요.

■ **폭력**(暴사나울 폭 力)
남에게 휘두르는 거칠고 사나운 힘
■ **능력**(能할 수 있을 능 力)
할 수 있는 힘
■ **초능력**(超넘을 초 能力)
보통의 능력을 뛰어넘는 엄청난 능력
■ **노력**(努힘쓸 노 力)
어떤 일을 이루기 위해 힘을 씀
■ **자력**(自스스로 자 力)
자기 혼자의 힘으로 해 나감
■ **협력**(協도울 협 力)
힘을 합하여 서로 도움

🔔 '력(力)'이 낱말의 맨 앞에 올 때는 '역'으로 읽어요.

力 힘을 다할 **역**

■ **역작**(力 作만들 작)
힘을 다해 만든 작품
■ **역주**(力 走달릴 주)
힘껏 달림

상상력

(想 생각할 상 像 모양 상 力)

있지 않은 일을 상상하는 힘

기억력

(記 기록할 기 憶 생각할 억 力)

기록한 것처럼 생각해 내는 힘

집중력

(集 모을 집 中 가운데 중 力)

마음을 한곳에 모으는 힘

창의력

(創 만들 창 意 뜻 의 力)

새로운 것을 생각해 내는 힘

인내력

(忍 참을 인 耐 견딜 내 力)

어려움을 참고 견디는 힘

결단력

(決 결정할 결 斷 끊을 단 力)

딱 잘라 결정하는 힘

추리력

(推 짐작할 추 理 이치 리 力)

이치에 맞게 짐작하는 힘

포용력

(包 감쌀 포 容 넣을 용 力)

너그럽게 감싸 받아들이는 힘

통솔력

(統 거느릴 통 率 거느릴 솔 力)

남을 거느리고 이끄는 힘

매력(魅 홀릴 매 力)

사람의 마음을 잡아끄는 힘

영향력

(影 그림자 영 響 울릴 향 力)

영향을 끼치는 힘

위 그림의 빈칸에 들어갈 말은 뭘까요? (　　　)

① 기억력　　　　② 상상력　　　　③ 집중력

정답은 ②번 상상력(想像力)이에요. 있지 않은 일에 대해 상상하는 힘이지요. 기억력은 예전에 있었던 일을 생각해 내는 힘이에요. 기억을 잘하는 사람들은 대개 집중력이 강해요.

상상력과 비슷한 말은 창의력(創意力)이에요. 지금까지 아무도 생각하지 못했던 것을 생각해 내는 힘이라는 말이지요.

이렇게 력(力)은 '마음의 힘'도 나타내요.

그럼 다음 빈칸을 채워 볼까요?

어렵고 싫은 일도 참고 견디는 힘은 인내☐, 망설이지 않고 과감하게 결정하는 힘은 결단☐,

탐정이 되기 위해 필요한 힘은 추리☐, 남을 너그럽게 감싸 주는 힘은 포용☐, 다른 사람을 이끌고 거느리는 힘은 통솔☐, 사람의 마음을 잡아끄는 힘은 매력(魅力), 다른 사람에게 영향을 끼치는 힘은 영향☐이에요.

개인뿐 아니라 집단도 힘을 가질 수 있어요.

나라의 힘은 국력(國力)이에요. 국력은 다른 나라에 대하여 우리나라가 가지는 힘이지요. 나라가 힘이 있으려면 우선 잘살아야 해요. 이런 걸 경제력이라고 하지요.

국력이 강하려면 또 중요한 게 군사력(軍事力)이에요. 군사력은 군대와 관련된 힘을 말해요. 외부의 적이 쳐들어왔을 때 전쟁할 수 있는 능력을 말해요. 군사력과 비슷한 말로는 무□, 병□, 전□이 있어요. 군사력이 강하면 다른 나라가 쳐들어오지 못하게 자기 나라를 지킬 수 있어요. 이것이 국방력이에요.

나라 안에서 국민들을 다스리는 힘을 뭐라고 할까요? (　　　)

① 중력　　　② 인력　　　③ 권력

정답은 ③번 권력이에요.
권력은 남을 복종시키는 힘이지요. 나라에서는 권력을 써서 국민들에게 법을 지키게 하거나 세금을 내게 할 수 있어요.

이 악의 세력들, 나의 광선 검을 받아랏!

사람들은 같은 편끼리 무리를 지어 힘을 키워요. 이런 무리를 세력(勢力)이라고 해요. 그래서 나쁜 사람의 무리를 '악의 세력'이라고 하지요.

국력(國나라 국 力)
나라의 힘

경제력
(經다스릴 경 濟도울 제 力)
경제적인 힘

군사력
(軍군사 군 事일 사 力)
군대와 관련된 힘

무력(武굳셀 무 力)
군사적인 힘

병력(兵병사 병 力)
군대의 힘

전력(戰싸움 전 力)
전투를 할 수 있는 힘

국방력(國 防지킬 방 力)
나라를 지키는 힘

권력(權권리 권 力)
남을 다스릴 수 있는 권리와 힘

세력(勢무리 세 力)
힘을 가진 무리

🔔 **추종 세력과 반대 세력**
추종 세력(追따를 추 從따를 종 勢力)은 자기를 따르는 세력이에요. 반대 세력(反반대할 반 對마주할 대 勢力)은 자기를 반대하는 세력을 말해요.

강력　시력　노력　협력　권력　상상력
청력　능력　자력　세력　창의력　무력

力
힘 력

강력
초강력
시력
청력
악력
접착력
세척력
폭력
능력
초능력
노력
자력
협력
역작
역주
상상력
기억력
집중력

① 주어진 한자를 따라 쓰세요.

강 / 능 ― 초 능 ― 力 ― 상 상 ― 주 / 작

힘 력

② 어떤 낱말에 대한 설명인지 쓰세요.

1) 나라의 힘 ➡ ☐☐

2) 자기 혼자 힘으로 해 나가는 것 ➡ ☐☐

3) 보통의 능력을 뛰어넘는 엄청난 능력 ➡ ☐☐☐

4) 사람의 마음을 잡아끄는 힘 ➡ ☐☐

5) 여럿이 힘을 합쳐서 서로 도움 ➡ ☐☐

③ 알맞은 낱말을 찾아 문장을 완성하세요.

1) 그 언니는 말귀를 잘 알아듣지 못해서 ☐☐ 이 안 좋나 했어.

2) 왕이 가진 ☐☐ 을 빼앗기 위해 많은 사람들이 전쟁을 일으켰어.

3) 그 사람의 동화를 보면 ☐☐☐ 이 풍부하다는 걸 느껴.

4) 너는 너무 깐깐하고 ☐☐☐ 이 없는 편이야.

5) 이 일을 계속할지 말지 ☐☐☐ 이 필요한 순간이야.

16

④ 문장에 어울리는 낱말을 골라 ○표 하세요.

1) 영웅이 악의 (국력 / 세력)을 드디어 물리쳤어.

2) 그는 (근력 / 시력)을 잃어서 앞을 못 봐.

3) 우리 반 반장은 (접착력 / 통솔력)이 있어.

4) 탐정이 되려면 (추리력 / 군사력)이 있어야 해.

⑤ 그림을 보고, 말풍선에 들어갈 알맞은 문장을 고르세요. (   )

① 와! 대단한 세척력!

② 헉, 무시무시한 자기력!

③ 꺄오, 대단한 악력!

④ 와우, 멋진 포용력!

⑥ 그림을 보고, 알맞은 낱말을 쓰세요.

1)

강한 힘! 내 팔뚝의 힘은 ⬜⬜ 해.

2)

화가 나도 참는 ⬜⬜⬜이 필요해요.

3)

엄마! 이건 엄연한 ⬜⬜ 이에요.

4)

돼지야. 힘내! 조금만 더 ⬜⬜ 하면 결승선에 도착할 수 있어.

창의력	
인내력	
결단력	
추리력	
포용력	
통솔력	
매력	
영향력	
국력	
경제력	
군사력	
무력	
병력	
전력	
국방력	
권력	
세력	
추종 세력	
반대 세력	

앉으면 편하고, 누우면 더 편해

표류 한 달째, 오늘 저녁은 **간편**한 컵라면으로⋯ ㅠㅠ

뜨거운 물만 있으면 되니까 컵라면은 참 간편하지요? 간편(間便)은 간단하고 편하다는 말이에요.

라면처럼 간단하고 편하게 먹을 수 있는 음식을 인스턴트 식품이라고 하지요.

자, 다음 빈칸에 공통으로 들어갈 말이 뭔지 알아맞혀 봐요.

푹신한 의자에 앉으니 몸이 ☐해요.

숙제를 다 하니까 마음이 ☐해요.

빈칸에 들어갈 말은 모두 편(便)이에요.

몸이 편할 때도 마음이 편할 때도 모두 '편'을 쓰면 돼요.

맛있는 음식도 너무 많이 먹으면 괴롭지요?

그럴 때 트림을 하거나 방귀를 크게 뀌면 속이 ☐해져요.

글씨가 큰 책은 글씨가 작은 책보다 보기에 ☐해요.

소풍 가는 날은 많이 걸으니까 ☐한 신발을 신어야지요.

'편'이 들어가면 이렇게 몸이 힘들지 않아요.

便 편할 편

■ **간편**(簡 간단할 간 便)
간단하고 편함

🔔 **인스턴트 식품**
곧바로 먹을 수 있어서 음식을 만드는 시간을 절약할 수 있는 식품이에요.
하지만 이런 식품만 먹으면 건강에 좋지 않대요.

크게 방귀를 뀌면 속이 **편**해져요.

그림의 빈칸에 똑같이 들어갈 말은 뭘까요? '편'이에요.
편(便)의 반대말은요? 맞아요, 불편(不便)이지요.
다리가 불편한 사람들은 계단 오르기가 힘들어요. 계단 대신 엘
리베이터가 있으면 편리(便利)하겠지요? 아빠, 엄마랑 극장에
가면 맛있는 팝콘을 파는 매점이 있어요. 따끈한 팝콘을 금방
먹을 수 있어서 편리해요.

이렇게 사람이 많이 모이는 장소에 만든 편리한 시설을 뭐라고
할까요? (   )

① 체육 시설   ② 편의 시설   ③ 놀이 시설

②번 편의(便宜) 시설이에요. 이용하기 좋고 편하도록 만든 시
설을 말해요. 공원의 화장실, 고속도로 휴게소처럼 말이에요.

하하하. 편찮다는 자기가 아플
때 쓰는 말이 아니에요. 웃어른
의 몸이 불편할 때 높임말로 쓰
는 거예요. '편하지 않다'를 줄
인 말이지요.

🔔 **편의점**

편의점(便宜 店가게 점)은 365
일 24시간 언제나 이용할 수 있
는 곳이에요. 편리해서 편의점
이라고 해요.

훗, 내 인기의 끝은 어디인가?

꺄아악 오빠~

부럽다.

찌질~

연애편지는 연애하기에 편한 종이일까요? 절대 아니지요. 이럴 때 편(便)은 '알림'을 뜻해요.

빈칸을 채우며 '편'의 뜻을 익혀 보아요.

어떻게 지내는지 알리기 위해 적어 보내면 편지, 사랑하는 남녀가 자기의 마음을 알리기 위해 적으면 연애☐☐라고 해요.

그럼 편지를 쓰라고 따로 만든 종이는요? 맞아요! ☐☐지.

편지를 보내고 받는 일을 우편(郵便)이라고 해요.

그럼 편지를 나르는 사람은요? 우편집배원이에요. 집배원이 편지만 나르지는 않아요. 편지, 소포, 택배 등 여러 가지를 나르지요. 우편으로 오는 물건들을 모두 합쳐 뭐라고 할까요?

☐☐물이라고 해요.

수많은 우편물을 어떻게 제대로 배달할 수 있을까요? 간편하게 구분할 수 있게 지역 번호를 매겼어요. 이게 바로 ☐☐ 번호예요.

집배원 아저씨가 필요 없는 편지도 있어요. '이메일(e-mail)'이예요. 편지가 영어로는 '메일'이에요. 그래서 이메일은 전자 ☐☐이라고도 하지요.

조선 시대에는 한복 소매에 편지를 넣어 나르기도 했어요. 이렇게 사람을 통해 보내면 인편(人便)에 보낸다고 해요.

사람이나 우편물을 차로 실어 보내면 차편, 배로 실어 보내면 배편이에요.

편(便)에는 이렇게 '보내다'라는 뜻도 있어요.

빈칸에 들어갈 말은 모두 '우편'이야.

便 알림 편

- **편지**(便 紙종이 지)
어떻게 지내는지 알리려고 적어 보내는 것
- **연애편지**(戀그리워할 연 愛사랑 애 便紙)
사랑하는 남녀가 자기의 마음을 알리기 위해 적는 편지
- **편지지**(便紙紙)
편지를 쓰는 종이

便 편지 편

- **우편**(郵전할 우 便)
편지를 보내고 받는 일
- **우편집배원**(郵便 集모을 집 配나눌 배 員사람 원)
편지를 나르는 사람
- **우편물**(郵便 物물건 물)
우편으로 오는 물건
- **우편**(郵便) **번호**
우편물 배달을 위해 지역을 구분하는 번호
- **전자우편**(電전기 전 子알갱이 자 郵便) = 이메일

便 보낼 편

- **인편**(人사람 인 便)
사람을 통해 보냄
- **차편**(車차 차 便)
차로 실어 보냄
- **배편**(便)
배로 실어 보냄

저런, 거북이가 자기편 골
대에 골을 넣었어요. 같은
편 친구들에게 미안하겠네요.
패를 나누어 경기를 할 때 나누어진
한패 한패를 편(便)이라고 해요.
이렇게 편을 나눠 싸우면 ☐싸움,
한쪽 편만 거들면 ☐들기지요.
오른쪽은 오른편과 같은 말이에요. 왼쪽은? 왼편이지요.
편(便)은 이렇게 방향을 나타낼 때도 쓸 수 있어요.
그럼 다음 빈칸에는 무슨 말이 들어갈까요?
문구점 건너 ☐에는 분식점,
서울의 동☐에는 강릉, 서☐에는 인천이 있어요.
혹시 빈칸에 '쪽'이라고 쓴 사람 있나요? 괜찮아요. '쪽'과 '편'은
방향을 나타낼 때 서로 바꾸어 쓸 수 있어요.

便 한패 편

■ 편(便)싸움
편을 나눠 싸움
■ 편(便)들기
한쪽 편만 거드는 것

便 방향 편

■ 오른편(便)
오른쪽
■ 왼편(便)
왼쪽

🔔 패싸움
'편싸움'과 비슷한 말이에요.
하지만 패싸움은 편을 가르지
않고도 할 수 있지요. 편이 있
든 없든 여럿이 싸우면 패싸움
이에요.

🔔 이런 말도 있어요

편(便)은 '변'으로 읽기도 해요. 변(便)은 '똥오줌'이라는 말이지요.
화장실에 다녀오면 속이 편하지요? 큰 변인 똥은 대변(大便),
작은 변인 오줌은 소변(小便)이에요. 대변이나 소변을 보는 것
을 용변(用便)이라고 해요. 변기(便器)는 용변을 보는 그릇이지요.
똥이 꼭꼭 숨어 잘 안 나오면? 그건 변비(便秘)예요.

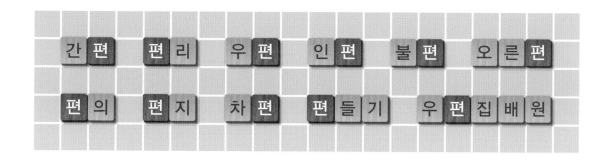

씨글자
블록 맞추기

便
편할 편

간편

인스턴트 식품

불편

편리

편의

편찮다

편의점

편지

연애편지

편지지

우편

우편집배원

우편물

우편번호

① 주어진 한자를 따라 쓰세요.

간

불

오 른

便
편할 **편**

우 물

리

의

② 어떤 낱말에 대한 설명인지 쓰세요.

1) 편지를 보내고 받는 일 ➡ ☐☐

2) 간단하고 편함 ➡ ☐☐

3) 편을 나눠 싸움 ➡ ☐☐☐

4) 차로 실어 보냄 ➡ ☐☐

5) 남녀가 자기의 마음을 알리기 위해 적는 편지 ➡ ☐☐☐☐

③ 알맞은 낱말을 찾아 문장을 완성하세요.

1) 이번 추석에는 비행기 표를 구하지 못해서 기차 ☐ 으로 고향에 가야 해.

2) 우편으로 보내지 않고 동생을 시켜 ☐☐ 으로 보냈어.

3) 삼각 김밥이 먹고 싶어서 24시간 ☐☐☐ 에 갔어.

4) 싸울 때는 한쪽 편만 거드는 ☐☐☐ 는 좋지 않아.

22

4 문장에 어울리는 낱말을 골라 ○표 하세요.

1) 다리가 부러져서 (불편 / 편리) 해.

2) 이메일을 전자 (소포 / 우편)(이)라고도 해.

3) 우편물 배달을 위해서는 지역을 구분하는 (우편 번호 / 전화번호)를 써야 해.

4) 할머니가 (편찮으셔서 / 간편하셔서) 병문안을 가기로 했어.

전자 우편
인편
차편
배편
편싸움
편들기
오른편
왼편
패싸움
대변
소변
용변
변기
변비

5 그림을 보고, 알맞은 낱말을 쓰세요.

1) 조깅할 땐 운동화가 □해요.

2) 하이힐은 너무 □□해.

조깅할 땐 운동화가 [ ] 해요.

하이힐은 너무 [ ] [ ] 해.

6 설명을 읽고, 알맞은 낱말을 연결하세요.

1) 집배원이 나르는 •   • 간편해

2) 빠르게 가려면   •   • 편안해

3) 컵라면은   •   • 편지

4) 집에 오면   •   • 차편으로

5) 운동회를 하려면 •   • 편을 나누지

땅을 갈아엎어 이롭게 하자

利 이로울 리

이(利)는 벼를 뜻하는 화(禾)와 농사짓는 도구인 쟁기를 뜻하는 도(刀)를 합쳐서 만든 한자예요. 힘들게 사냥을 하는 것보다는 쟁기로 땅을 갈아 농사짓는 것이 더 이익이라고 생각

禾 벼 화 + 刀(刂) 쟁기 도 = 利 이로울 리

했기 때문에, 이(利)는 '이롭다, 이익이 있다'라는 뜻이 되었죠.
그래서 이로운 점은 이점(利點)이라고 해요.
그런데 이 글자가 낱말의 중간이나 뒤에 오면 '리'라고 읽어요.
다음 빈칸을 채워 볼까요?
이로움이 있는 것은 유☐,
이롭지 않은 것은 불☐,
편하고 이로우며 사용하기 쉬운 것은 편☐.
쟁기는 끝이 뾰족해서 땅을 가는 데 편리하답니다.

利 이로울 리

- **이점**(利 點점 점)
  이로운 점
- **유리**(有 있을 유 利)
  이로움이 있음
- **불리**(不 아니 불 利)
  이롭지 않음
- **편리**(便 편할 편 利)
  편하고 이로우며 사용하기 쉬움

편리하다, 편리해!

- **이용**(利 用쓸 용)
  이롭게 씀
- **이용후생**
  (利用 厚넉넉할 후 生생활 생)
  기구나 도구를 이롭게 사용해
  생활을 넉넉하게 함
- **이기**(利 器기구 기)
  편리한 기계나 기구
- **수리**(水물 수 利)
  물로부터 얻는 이로움
- **수리 사업**
  (水利 事일 사 業일 업)
  물로부터 이로움을 얻기 위한
  사업

석호는 폐품으로 멋진 로봇을 만들었어요!
빈칸에 들어갈 말은 무엇일까요? (　　　)

① 이용　　　　　② 이사　　　　　③ 이동

네, 정답은 ①번 이용이에요. 이용(利用)은 '어떤 것을 필요에 따라 이롭게 쓴다'라는 뜻이에요.
이용후생이란 '기구나 도구를 이롭게 사용하여 생활을 넉넉하게 만들다'라는 뜻이에요. 경제와 기술이 발전하여 국민의 생활이 나아질 때 쓰는 말이지요.

🔔 **이용후생**
조선 후기 몇몇 학자들이 경제를 발전시키는 것에 힘써야 한다고 주장했어요. 이를 위해 기술과 도구 개발에 많은 노력을 기울였죠. 이런 주장을 하면서 쓴 말이 바로 '이용후생'이에요.

기술이 발전하면 여러 가지 편리한 기계들을 만들 수 있어요.
'이롭고 쓰기 편리한 기계나 기구'를 이기(利器)라고 해요.
텔레비전, 휴대 전화 등이 바로 문명의 이기지요.
큰 강이 있는 곳에서는 이용후생을 위해 강을 잘 이용해야 해요. 물로부터 얻는 이로움을 수리(水利)라고 해요.
물로부터 이로움을 얻기 위한 사업은 수리 사업이라고 하지요.

이익(利 益더할 익)

물질적이나 정신적으로 이로움
이 더해지는 것

이득(利 得얻을 득)

이로움을 얻는 것

손해

(損잃을 손 害해로울 해)

이익을 못 보고 해를 입는 것

수빈이는 석호에게 1,000원을 받고 100원짜리 5개를 건네줬어
요. 수빈이가 500원 이익이군요!

이익(利益)이란 '물질적이나 정신적으로 이로움이 더해지는 것'
을 말해요. 비슷한 말은 이득. '이로움을 얻다.'라는 뜻이에요.
반대말은 손해. '이익을 못 보고 해를 입는다.'라는 뜻이죠.

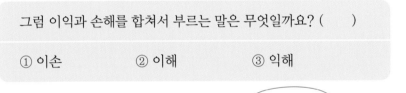

그럼 이익과 손해를 합쳐서 부르는 말은 무엇일까요? (　　　)

① 이손　　　　② 이해　　　　③ 익해

정답은 ②번 이해(利害)예요. '이익
손해를 얻고 잃는 것'을 이해득실이라
고 해요. 석호는 이해득실을 잘 따져
봐야겠어요.

다음 낱말의 빈칸을 '이' 또는 '리'로 알맞게 채워
보세요.

자신의 이익만을 위하는 것은 □기,

다른 사람의 이익을 위하는 것은 □타,

장사 따위를 해서 남긴 이익은 □윤,

사업을 경영하여 얻는 이익은 영□,

실제로 얻는 이익은 실□,

모두의 공적인 이익은 공□,

개인의 사사로운 이익은 사□라고 해요.

	利	이익 리

이해(利害)
이익과 손해

이해득실
(利害得 失잃을 실)
이익과 손해를 얻고 잃는 것

이기(利 己자기 기)
자기의 이익만 위함

이타(利 他다른 타)
다른 사람의 이익을 위함

이윤(利 潤이익 윤)
장사 따위를 해서 남긴 이익

영리(營경영할 영 利)
사업을 경영하여 얻는 이익

실리(實실제 실 利)
실제로 얻는 이익

공리(公모두 공 利)
모두의 공적인 이익 = **공익**

사리(私개인 사 利)
개인의 사사로운 이익 = **사익**

지나가던 어부가 이익을 얻었군요! 이처럼 둘이 싸우는 사이에 엉뚱한 사람이 애쓰지 않고 이익을 가로채는 것을 어부지리(漁父之利)라고 해요. '고기 잡는 사내의 이익'이라는 뜻이죠.

집에 돌아온 어부는 조개와 새 때문에 동생과 싸웠어요. 이처럼 '눈앞의 이익 때문에 의리를 잊어버리는 것'을 견리망의라고 해요.

형제는 둘 다 사리사욕에 눈이 멀었죠? 사리사욕은 사사로운 이익과 욕심이라는 뜻이에요.

사회 전체의 이익을 뜻하는 말은 무엇일까요? (   )

① 공평무사   ② 공공복리   ③ 공사다망

정답은 ②번 공공복리예요. '공평하게 함께 누리는 복과 이익'이라는 뜻이지요.

어부가 많은 물고기를 엄청 싸게 팔고 있어요. 장사에서 '이익을 적게 보는 대신 많이 파는 것'을 박리다매라고 해요.

- **어부지리**(漁고기 잡을 어 父 사내 부 之~의 지 利) 고기 잡는 사내의 이익
- **견리망의**(見볼 견 利 忘 잊을 망 義옳을 의) 눈앞의 이익을 보고 의리를 잊음
- **사리사욕** (私개인 사 利私 慾욕심 욕) 사사로운 이익과 욕심
- **공공복리**(公공평할 공 共함께 공 福복 복 利) 공평하게 함께 누리는 복과 이익
- **박리다매**(薄얇을 박 利 多많을 다 賣팔 매) 이익을 적게 보고 많이 파는 것

🔔 **예리**
'예리하다'는 '날카롭다'라는 뜻이에요. 이때 '리(利)'는 '날카롭다'라는 뜻으로 쓰였어요.

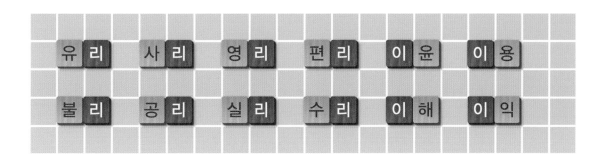

유리 사리 영리 편리 이윤 이용
불리 공리 실리 수리 이해 이익

씨글자
블록 맞추기

利
이로울 리

| 이점 |
| 유리 |
| 불리 |
| 편리 |
| 이용 |
| 이용후생 |
| 이기 |
| 수리 |
| 수리 사업 |
| 이익 |
| 이득 |
| 손해 |
| 이해 |
| 이해득실 |

1 주어진 한자를 따라 쓰세요.

```
수              용
   유   利   점
실              해
     이로울 리(이)
```

2 어떤 낱말에 대한 설명인지 쓰세요.

1) 이로움이 있음 ➡ ☐☐

2) 이롭지 않음 ➡ ☐☐

3) 어떤 것을 필요에 따라 이롭게 씀 ➡ ☐☐

4) 이익과 손해를 얻고 잃는 것 ➡ ☐☐☐☐

5) 사사로운 이익과 욕심 ➡ ☐☐☐☐

3 알맞은 낱말을 찾아 문장을 완성하세요.

1) 영식이는 자기밖에 모르는 ☐☐적인 성격이야.

2) 서울은 문화 공간과 쉽게 접할 수 있는 ☐☐이 있어.

3) 삼촌은 한 번의 투자로 엄청난 ☐☐을 보았어. 정말 운이 좋았지.

4) 조리를 하던 엄마는 ☐☐한 칼에 손을 베이고 말았어.

4 문장에 어울리는 낱말을 골라 ○표 하세요.

1) 높은 곳이라는 지리적 (이점 / 약점)을 이용하여 적을 물리쳤어.

2) 핵에너지는 반드시 평화적으로 (이해 / 이용)되어야 해요.

3) 이번 경기는 우리 편에게 (편리 / 유리)하게 전개되고 있어.

5 그림을 보고, 어울리는 사자성어를 글자판에서 골라 알맞은 낱말을 쓰세요.

> 우리는
> 사이좋은
> 형제.

> 치킨
> 먹으럼.

> 내가 먼저!

> 먹을 것만
> 보면
> 의리고
> 뭐고 없군.

형	견	의	공
리	부	망	복

→ 견 ☐ ☐ ☐

6 설명을 읽고, 알맞은 낱말을 연결하세요.

1) 실제로 얻는 이익   • 　　　　　• 편리

2) 편하고 이로우며 이용하기 쉬운 것 •　　• 실리

3) 이익을 못 보고 해를 입는 것   • 　　• 공리

4) 모두의 공적인 이익   • 　　　• 손해

이기

이타

이윤

영리

실리

공리

사리

어부지리

견리망의

사리사욕

공공복리

박리다매

예리

대보름날, 달집을 태우며 달맞이를!

> 저분이 우리 100대조 할아버지시란다.

나는 하늘에 떠 있고 모양이 여러 가지로 변해요. 옛 사람들은 내 안에 토끼가 산다고 여겼어요. 나는 누구일까요? (　　　)

① 해　　　　② 달　　　　③ 별　　　　④ 지구

네, 정답은 ②번 달이에요. 해, 달, 별 모두 하늘에 떠 있지만 우리가 볼 때 모양이 변하는 건 달뿐이지요.
둥그런 쟁반 모양의 달은 온달, 온달의 반만 있는 달은 반달이라고 해요. 그림을 보고 달 이름을 한번 맞혀 볼래요?

 　　 □□

그럼 여기서 퀴즈! 온달과 비슷한 말은 뭘까요? (　　　)

① 승달　　　　② 보름달　　　　③ 아사달

아주 쉽지요? 정답은 ②번 보름달이에요.

달
하늘에 뜨는 달

- **온달**
둥그런 쟁반 모양의 달
- **반달**
반원 모양의 달
- **보름달**
음력 보름날 밤에 뜨는 둥근 달
= 온달

🔔 **달덩이**
'얼굴이 달덩이 같다'는 얼굴빛이 환하거나, 얼굴 모양이 보름달처럼 둥글다는 말이에요.

보름달은 보름날에 뜨는 달이에요. 보름날은 음력으로 그 달의 15일을 말하는 거지요. 옛날엔 보름달이 뜨는 보름날에 달에게 소원을 빌었대요. 커다란 달을 보며 마음도 절로 풍요로워졌겠죠?

> 다음 중 보름달이 뜨는 날을 모두 골라 봐요. (,   )
>
> ① 설날   ② 정월 대보름   ③ 추석

네, 정답은 ②번과 ③번이에요.
정월 대보름은 음력 1월 15일, 추석은 음력 8월 15일이잖아요.

달집이 뭘까요? 설마 하늘에 뜬 달도 집이 필요한 걸까요?
정월 대보름날에 달맞이(달마중)를 하거든요. 저녁때 산이나 들에 나가 달이 뜨기를 기다려 맞이하는 거예요. 횃불을 밝히고 달을 맞이해서 소원을 빌지요. 이때 나뭇가지나 짚으로 무더기를 쌓은 뒤에 이걸 태워서 불을 환히 밝혀요. 이게 달집이에요.
그런데 사람들만 달을 맞이하는 게 아니에요. 달을 맞이하는 꽃도 있어요!
바로 달맞이꽃이지요. 이 꽃은 밤이면 노란색 꽃을 피웠다가 아침이 되면 시든다고 해요.
가끔 달 둘레에 둥그렇게 생기는 허연 테두리를 본 적 있나요? 그건 달무리라고 해요.

달맞이꽃

■ **달맞이**
정월 대보름이나 추석 저녁에 달을 맞이하는 일 = **달마중**

■ **달집**
달맞이할 때, 불을 태워 밝히려고 나뭇가지를 묶어 쌓아 올린 무더기

■ **달맞이꽃**
밤이면 노란 꽃을 피웠다 아침에 시드는 꽃

■ **달무리**
달 둘레에 둥그렇게 긴 허연 테두리

🔔 **달동네**
달동네는 산등성이나 산비탈 따위의 높은 곳에 가난한 사람들이 모여 사는 산동네를 말해요. 달에서 가까운 산동네라고 해서 그런 이름이 붙었대요.

🔔 달무리가 끼면 다음날 비가 오는 경우가 많다고 해요.

하하. 윤달은 하늘에 뜬 달이 아니에요!

이때의 '달'은 '일 년 열두 달' 할 때의 그 달이에요. 한 해의 달, 날, 요일을 적어 놓은 게 달력(曆)이고요.

달력을 보면, 2월은 28일일 때도 있고 29일일 때도 있어요. 윤(閏)달은 29일인 2월을 말해요. 4년마다 한 번씩 돌아오지요.

달력 날짜 밑에 있는 작은 숫자를 본 적 있지요?

달력에서 큰 숫자는 양력, 작은 숫자는 음력이에요.

양력은 해를 기준으로 만든 달력이고, 음력은 달을 기준으로 만든 달력이에요. 예전에 우리 조상들은 음력을 썼어요.

달 중에 특별한 이름이 붙은 달도 있어요.

음력 11월은 동지가 있는 달이라 동짓□, 음력 12월은 섣□이라고 불러요.

이 둘을 합쳐 동지섣달이라고도 하는데, 이 말은 '한겨울'을 뜻해요.

산(産)달은 아기를 낳을 달로, 해산(解産)달이라고도 해요.

달포는 한 달이 조금 넘는 기간을 말하는 거지요.

달
일 년을 열둘로 나눈 시간

■ **달력**(曆달력 력)
한 해의 달, 날, 요일 등을 적어 놓은 것

■ **윤**(閏윤달 윤)**달**
날수가 29일인 2월로, 4년마다 한 번씩 돌아옴

■ **동짓달**
동지가 있는 음력 11월

🔔 **동지**
동지(冬겨울 동 至이를 지)는 1년 중 낮이 가장 짧고 밤이 가장 긴 날이에요. 이날은 귀신을 쫓으려고 팥죽을 쑤어 먹는 풍습이 있어요.

■ **섣달**
음력 12월

■ **동지섣달**
한겨울

■ **산**(産낳을 산)**달**
아이를 낳을 달
= **해산**(解풀 해 産)**달**

■ **달포**
한 달이 조금 넘는 기간

🔔 **세월**
세월(歲月)은 원래 '해와 달'이란 뜻이에요. 보통 '흘러가는 시간'을 가리키는 말로 많이 써요. 허송세월(虛送歲月)은 시간을 헛되이 보낸다는 말이지요.

시간을 나타내는 '달'은 한자로 뭘까요? (   )

① 년   ② 월   ③ 일

네. 정답은 ②번이에요.

월(月)은 달 모양을 본뜬 한자지요.

월일은 '달과 날'을 말해요. 우리가

태어난 해, 달, 날을 생년월일이라고 해요.

이번 달은 금월, 지난달은 전월, 다음 달은 내월이라고 해요.

또 그 달의 처음 무렵은 월초, 끝 무렵은 월말이 되는 거지요.

'다달이'는 '달마다'란 뜻이에요.

'다달이'와 비슷한 말은 무엇일까요? (   )

다달이
월부금 내기가
빠듯해ㅠㅠ

① 매월   ② 매일   ③ 명월

정답은 ①번 매월(每月)이에요.

우리가 매월 하는 건 참 많아요. 어디 한번 볼까요?

일한 대가로 매월 받는 돈은 □급,

집을 빌려 쓰는 대가로 매월 내는 돈을 □세,

물건 산 돈을 매월 얼마씩 갚아 나가는 건 □부,

매월 한 권씩 펴내는 잡지는 □간지라고 해요.

- **월일**(月 日날 일)
- **생년월일**

  (生날 생 年해 년 月日)
  태어난 해와 달과 날
- **금월**(今이제 금 月)

  이달
- **전월**(前앞 전 月)

  지난달
- **내월**(來올 내 月)

  다음 달
- **월초**(月 初처음 초)

  그 달의 첫 무렵
- **월말**(月 末끝 말)

  그 달의 끝 무렵
- **매월**(每~마다 매 月)

  달마다, 다달이
- **월급**(月 給줄 급)

  매달 받는 봉급
- **월세**(月 貰세낼 세)

  매달 내는 집세
- **월부**(月 賦줄 부)

  물건값을 매달 나누어 냄
- **월간지**

  (月 刊책 펴낼 간 誌기록 지)
  매달 내는 잡지

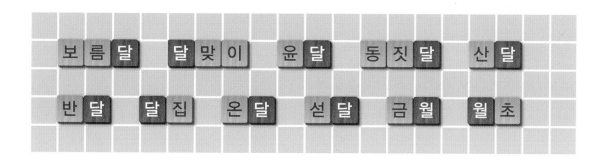

① 공통으로 들어갈 낱말을 쓰세요.

```
     보 름                              반
       │                                │
       └──── 집 ──[    ]── 력 ────┘
       │                                │
     맞 이 꽃                           온
```

② 어떤 낱말에 대한 설명인지 쓰세요.

1) 보름에 뜨는 달 ➡ ☐☐☐

2) 반원 모양의 달 ➡ ☐☐

3) 정월 대보름이나 추석 저녁에 달이 뜨기를 기다려 맞이하는 일

➡ ☐☐☐

4) 매달 받는 봉급 ➡ ☐☐

5) 매달 내는 잡지 ➡ ☐☐☐

③ 알맞은 낱말을 찾아 문장을 완성하세요.

1) 둥그런 쟁반 모양의 달은 ☐☐이야.

2) 내 생일을 ☐☐에 표시해 놓아야겠어요.

3) 올해 2월은 29일까지 있는 ☐☐이야.

4) 달 둘레에 ☐☐☐가 끼면 다음 날 비가 오는 경우가 많다고 해.

4 문장에 어울리는 낱말을 골라 ○표 하세요.

1) 밤이면 노란색 꽃을 피웠다가 아침이 되면 시든다고 해서 (해맞이꽃 / 달맞이꽃)이라고 해.

2) (동짓날 / 생일날)에는 귀신을 쫓으려고 팥죽을 쑤어 먹는다고 해.

3) (달포 / 산달)(은)는 한 달이 조금 넘는 기간이야.

4) 8월 2일은 (월초 / 월말)(이)라고 해.

5 그림을 보고, 알맞은 낱말을 연결하세요.

1)   2)   3)   4)

초승달   반달   온달   윤달

6 아이들이 '달'과 관련된 이야기를 나누고 있어요. 달력을 보고 알맞은 낱말을 찾아 문장을 완성하세요.

1) 희준 : 설날이 [   ]초에 있네.

2) 주은 : 올해 [ ]맞[ ]는 2월 17일에 하겠구나.

3) 수영 : 난 못 가. 이번 달이 엄마 [ ][ ]이래.

   동생이 태어난다니 기뻐.

| 산달 |
| 해산달 |
| 달포 |
| 세월 |
| 허송세월 |
| 월일 |
| 생년월일 |
| 금월 |
| 전월 |
| 내월 |
| 월초 |
| 월말 |
| 매월 |
| 월급 |
| 월세 |
| 월부 |
| 월간지 |

세상에서 가장 빠른 빛살

빛의 속도로 날아가는 화살!

우아, 이것이 말로만 듣던 □살?

번쩍

와! 태양신 아폴론이 쓰는 화살은 보통 화살이 아닌가 봐요. 위 그림의 빈칸에 들어갈 말은 뭘까요? (   )

① 빛   ② 화   ③ 작   ④ 광

정답은 ①번 빛살이에요. 빛살은 빛의 줄기를 말해요. 빛은 무수히 많은 빛줄기로 이루어져 있어요.

세상에는 빛을 내는 것이 있고 빛이 나는 것이 있어요.

빛을 내다라는 건 자기 안에서 빛이 나오는 거지요.

태양이나 손전등을 봐요. 스스로 빛을 내서 주변을 밝히잖아요.

빛이 나다라는 건 빛을 받아 반짝거린다는 거지요. 달빛 같은 것들이에요!

달은 혼자서 빛을 못 내요. 태양빛을 받아서 반짝거릴 뿐이에요.

빛나다는 빛이 환하게 비친다는 뜻으로도 쓰여요. 해도, 달도 다 하늘에서 세상을 환하게 비춰 주지요.

으아~ 눈부셔! 뭐야, 외계인이야?

빛을 내다 (×) 빛이 나다 (○)

빛 / 빛

빛살
빛의 줄기 = 빛줄기

빛을 내다
자기 안에서 스스로 빛이 나옴

빛이 나다 = 빛나다
빛을 받아 반짝거림, 빛이 환하게 비침

🔔 **햇살**

햇살은 해가 비칠 때 가늘게 부서지는 빛살들을 말해요. 실제 생활에선 빛살이라는 말보다는 햇살이라는 말이 더 많이 쓰이지요.

해와 달뿐만 아니라 사람도 세상을 비출 수 있어요. 슈바이처 박사는 아프리카에 '사랑의 빛'을 비추었어요. 마더 테레사도 가난한 사람들에게 '빛'을 비추었지요.

좀 다른 의미의 '빛'도 있어요. 봄의 기운을 봄빛이라고 해요. 가을의 기운은 가을빛이지요. 눈에서 풍기는 기운이나 분위기도 있지요? 그걸 눈빛이라고 하잖아요. 이때의 빛은 '기운'을 뜻하지요.

빛
기운이나 분위기

- **봄빛**
  봄의 기운
- **가을빛**
  가을의 기운
- **눈빛**
  눈에서 풍기는 기운이나 분위기

여기서 학교를 빛냈다라는 것은 무슨 말일까요? (　　　)

① 학교에 환한 조명을 달아 줬다.
② 청소를 열심히 했다.
③ 학교를 영광스럽게 했다.

빛 | **명예**

- **빛내다**
  영광스럽게 함, 명예를 높임
- **빛을 보다**
  노력이나 업적이 인정받게 됨

정답은 ③번이에요. 훌륭한 일을 해서 학교의 명예를 높이고, 학교의 이름을 세상에 널리 알렸다는 말이지요.

빛을 보다란 말도 있어요. 노력이나 업적이 세상 사람들에게 알려져, 마침내 인정받게 되었다는 뜻이지요.

누구 말이 맞을까요? 둘 다 맞아요. 여기서 빛은 빛깔이나 색깔을 말해요. 빛이 없으면 색을 구분할 수 없기 때문에, 가끔은 '빛'이 '빛깔' 또는 '색깔'이라는 뜻으로 쓰여요. 그러니까 색이 바래다와 빛이 바래다는 비슷한 말이지요.

그럼 다음 빈칸을 채우며 색깔 놀이 한번 해 볼까요?

타고 남은 재처럼 흰빛이 도는 검은빛은 잿☐ ,

'쪽'이라는 풀에서 얻은 남색 빛은 쪽☐ ,

피와 같이 붉은색은 핏☐ ,

풀과 같은 빛깔은 풀☐!

얼굴에도 빛이 있어요. 네, 얼굴빛이에요. 얼굴빛은 낯빛이라고도 해요. '낯'과 '얼굴'은 같은 말이니까요. 아픈지, 건강한지, 기분이 어떤지에 따라 얼굴빛이 달라져요.

> 표정이 어두워지고 굳어지면 얼굴빛이 어떤 색으로 변할까요?
>
> ( )
>
> ① 낯빛 　　② 흙빛 　　③ 풀빛 　　④ 빛

정답은 ②번 흙빛. 흙빛은 푸른빛을 약간 띤 검은빛을 말해요. 구릿빛 피부는 건강하게 그을린 피부예요. 구리는 붉은빛이 들어간 갈색을 띠고 있어요.

빛 　빛깔, 색깔

■ **빛이 바래다=색이 바래다**
빛깔이 변하다

■ **잿빛**
타고 남은 재처럼 흰빛이 도는 검은빛

■ **쪽빛**
'쪽'에서 얻은 남색

■ **핏빛**
피와 같은 붉은색

■ **풀빛**
풀과 같은 색깔

■ **얼굴빛**
얼굴에 나타나는 빛깔 = **낯빛**

■ **흙빛**
흙과 같은 색깔로, 표정이 어두워질 때의 얼굴빛을 나타냄

■ **구릿빛**
구리의 색깔로, 건강하게 그을린 피부를 가리킬 때 쓰는 말

🔍 **빛 좋은 개살구**
개살구는 빛깔이 좋아서 겉모습은 맛있어 보이지만 사실은 맛없는 열매예요. 모양은 그럴듯하게 생겼으나 실속이 없는 것을 가리키는 말이지요.

🔍 **후광과 광배**
잘생긴 사람은 등 뒤에서 빛이 나는 거 같지요? 이런 게 후광(後뒤 후 光)이에요. 부처님 그림이나 조각 뒤에 동그란 후광이 있는 걸 본 적이 있나요? 이건 광배(光 背등 배)라고 해요.

빛은 한자어로 '광'이에요. 빛 광(光)이지요. 그래서 빛줄기는
광선(光線)이에요. 빛줄기, 빛살, 광선은 모두 같은 말이지요.
'광'이 붙은 여러 가지 빛의 종류들을 한번 알아볼까요?
달빛은 월□, 햇빛은 일□,
목욕하듯 몸을 드러내고 햇빛을 쪼이는 건 □□욕(日光浴),
어두운 데서 빛나는 구슬은 야□(夜光) 구슬이지요.

섬광은 순간적으로 번쩍하는 빛이에요.
자연에 있는 빛은 자연광, 전기로 일으킨 빛은 전광이에요. 전
광판(電光板)은 전구로 불을 켰다 껐다 해서 글자나 그림이 나
타나게 하는 판이에요. 운동 경기에서 점수를 알려 줄 때 많이
쓰지요. 구두를 열심히 닦아 봐요. 구두에 빛이 반사되어 반짝
반짝 윤이 나지요? 이걸 '광이 난다', 또는 '광택이 난다'라고 하
지요. 사람들은 빛을 여러모로 활용해요.
창문을 내어 빛이 많이 들어오도록 하는 건 채□,
빛이 들어오지 않도록 가리는 건 차□이에요.

光 빛 광

■ 광선(光 線줄 선)
빛줄기, 빛살
■ 월광(月달 월 光)
달빛
■ 일광(日해 일 光)
햇빛
■ 일광욕(日光 浴목욕할 욕)
목욕하듯 햇빛을 쬠
■ 야광(夜밤 야 光)
어둠 속에서 빛을 냄
■ 섬광(閃번쩍일 섬 光)
순간적으로 번쩍하는 빛
■ 자연광
(自스스로 자 然그럴 연 光)
자연에 있는 빛
■ 전광(電전기 전 光)
전기로 일으킨 빛
■ 전광판(電光 板판자 판)
전구로 그림이 나타나게 하는 판
■ 광택(光 澤윤기 택)
빛이 반사되어 반짝거리는 것
■ 채광(採캐낼 채 光)
창문으로 빛을 받아들임
■ 차광(遮가릴 차 光)
빛을 가림

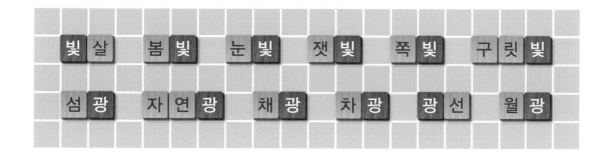

빛

빛살

빛을 내다

빛이 나다

빛나다

햇살

봄빛

가을빛

눈빛

빛내다

빛을 보다

빛이 바래다

색이 바래다

잿빛

쪽빛

핏빛

풀빛

얼굴빛

❶ 공통으로 들어갈 낱말을 쓰세요.

얼굴					살
가을	내 다		을 보 다	봄
구 릿					눈

❷ 어떤 낱말에 대한 설명인지 쓰세요.

1) 영광스럽게 함, 명예를 높임. →

2) 빛의 줄기나 광선 →

3) 봄의 기운 →

4) 구리의 색깔로, 건강하게 그을린 피부 →

5) 어두운 데서 빛을 내는 것 →

❸ 알맞은 낱말을 찾아 문장을 완성하세요.

1) 진호는 해수욕장에 누워 ☐☐ 욕을 즐겼어.

2) 이 방 창문은 ☐☐ 이 좋아서 오후 늦게까지도 환해.

3) 생일 선물로 밤에도 보이는 ☐☐ 시계를 받았어.

4) 아주 멋진 생각이 ☐☐ 처럼 스쳐 지나갔어.

4 문장에 어울리는 낱말을 골라 ○표 하세요.

1) 자연에 있는 빛을 (자연광 / 섬광)이라고 해.

2) 야구장 (전광판 / 야광판)에서 점수를 알려 주고 있어.

3) 마루 바닥을 열심히 닦았더니 (윤택 / 광택)이 나.

4) 표정이 어두어져서 (구릿빛 / 흙빛)이 되었어.

5 그림을 보고, 알맞은 낱말을 연결하세요.

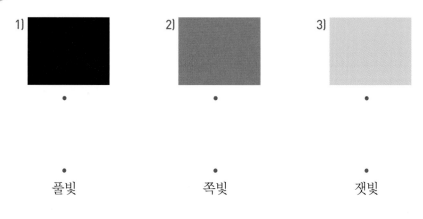

풀빛   쪽빛   잿빛

6 설명을 읽고, 밑줄 친 부분에 어울리는 표현을 고르세요. (   )

> 차려진 음식들은 모양과 색은 화려했지만, 막상 먹어 보니 다 식어 맛이 없었어. '차라리 집에서 엄마가 끓여 주신 따끈한 된장찌개를 먹을걸' 하며 후회했어.

① 빛 좋은 개살구

② 얼굴빛이 흙빛

③ 섬광처럼 지나가는 생각

④ 생일을 빛내다

낮빛

흙빛

구릿빛

빛 좋은 개살구

후광

광배

광선

월광

일광

일광욕

야광

섬광

자연광

전광

전광판

광택

채광

차광

열심히 일하고 근로자의 날은 쉬고!

勤　勞
부지런할 근　일할 로

유의 한자

> 근로자의 날에는 안마해 드릴게요.

> 우리딸, 눈물나게 고맙구나.

"아빠! 힘내세요. 우리가 있잖아요!"

우리를 위해 열심히 일하시는 아빠. 우리는 아빠에게 항상 감사한 맘을 가져야겠죠?

일하는 것을 다른 말로 근로라고도 하는데 '부지런할 근(勤)'과 '일할 로(勞)'를 써서 부지런히 일한다는 뜻을 가지고 있답니다.

비슷한 말로는 회사에서 일을 한다는 뜻인 근무가 있어요.

열심히 힘쓰는 부지런할 근(勤)

근(勤) 자에는 '힘 력(力)' 자가 들어가 있지요?

이렇듯 '근' 자는 아주 힘껏 열심히 하는 모습을 나타낸 글자예요. 더불어 이 글자에는 일이나 직장이란 뜻도 있어요.

직장인들의 생활을 알아볼까요?

> 버스나 지하철을 타고 직장으로 출근 → 회사에 일하러 나감
>
> 집으로 퇴근 → 일을 마치고 회사에서 나감
>
> 일이 많아 야근 → 밤까지 일함
>
> 회사에 나가지 않고 재택근무 → 집에서 일함

勤　勞
부지런할 근　일할 로

부지런히 일함

- **근무(勤 務**일 무**)**
  회사에서 일을 함
- **출근(出**나갈 출 **勤)**
  회사에 일하러 나감
- **퇴근(退**물러날 퇴 **勤)**
  일을 마치고 회사에서 나감
- **야근(夜**밤 야 **勤)**
  밤까지 일함
- **재택근무**
  (在있을 재 **宅**집 택 **勤務)**
  집에서 일함

매일 회사에 나가는 것도 개근이라고 하고, 반대로 회사를 빠지면 결근이라고 해요.

학생의 본분은 열심히 공부하는 거예요. 직장인은 근면하게, 즉 부지런히 일에 힘써야겠지요.

힘써 일하는 일할 노(勞)

아빠는 피로한 상태예요. 피로란 일을 많이 해 몸과 마음이 지친 상태를 말해요.

주말에도 출근하는 아빠가 과로로 몸이 상하지 않으실까 걱정이에요. 지나치게 많이 일한, 즉 과로 상태인 아빠의 어깨를 주물러 드리는 건 어떨까요?

이 밖에 '노'가 들어가는 다른 말들을 알아봐요.

몸을 움직여 일하는 것을 □동이라고 해요.

이렇게 일을 하는 사람은 '사람 자(者)'를 붙여 □동자라고 하지요.

노동자들이 만든 단체는 □동조합, 줄여서 □조라고도 해요.

노동자와 회사를 합쳐 □사,
회사와 노동자들의 간에 생긴 문제들을 담당하는 정부 기관은 고용 □동부죠.

피로가 싹 가시는구나.

대화로 해결이 잘 되지 않을 경우에는 노동법에 따라 해결해요.

- **개근**(皆다 개 勤)
  학교나 회사에 매일 나감
- **결근**(缺빠질 결 勤)
  학교나 회사에 빠짐
- **근면**(勤 勉힘쓸 면)
  부지런히 일하며 힘씀
- **피로**(疲지칠 피 勞)
  일을 많이 해 지친 상태
- **과로**(過지나칠 과 勞)
  지나치게 일을 많이 함
- **노동**(勞 動움직일 동)
  몸을 움직여 일함
- **노동자**(勞動 者사람 자)
  일을 하는 사람
- **노동조합**(勞動 組조직할 조 合합할 합) = 노조
  노동자들이 모여 만든 단체
- **노사**(勞 使시킬 사)
  노동자와 회사
- **고용 노동부**(雇품살 고 傭임금 용 勞動 部관청 부)
  회사와 노동자들 간에 생긴 문제들을 담당하는 정부 기관
- **노동법**(勞動 法법 법)
  노동자와 관련된 법

야		퇴	개		과		노	조	노	동	법
근	무	출	근	근	면	피	로	사	동	
									부	

만화 주인공이 어려움에 처한 사람들을 구해 주고 돌아오는데, 악당이 나타났어요! 다음 장면은 어떻게 될까요? 앗! 그런데 거기서 끝이지 뭐예요. 아, 정말 허무해요.

이런 상태를 공허하다고도 해요.

아무것도 없이 텅 비었다는 의미의 '공(空)'과 '허(虛)'가 들어가는 단어를 알아봐요.

텅텅 비어 있을 때는 공(空)

해군은 바다를, 육군은 땅을, 공군은 하늘을 지켜요. 공군은 공중에서 공격과 방어를 맡은 임무를 맡은 군대예요.

공중은 하늘과 땅 사이의 빈 공간이지요. 하늘에서 일어나는 전쟁을 '공중'과 '전쟁 전(戰)' 자를 함께 써 공중전이라고도 해요.

공중전에서 이기려면 빠르고 정확한 결정이 중요해요. 탁자 위에서 헛말이 오가는 탁상공론이 계속된다면 우리 공군 전체가 위험에 빠질지도 몰라요. 우리가 먼저 적을 공습(空襲)해야 승세를 잡을 수 있어요. 소리는 같지만 다른 뜻의 공습(攻襲)이 있어요. '적의 공습에 철저히 대비하라!'라고 할 때의 공습은 갑

空 빌공	虛 빌허
아무것도 없이 텅 비어 있는 상태	

■ **허무**(虛 無없을 무)
아무것도 없이 텅 비어 있음

■ **공군**(空 軍군사 군)
공중에서 공격과 방어의 임무를 맡은 군대

■ **공중**(空 中가운데 중)
하늘과 땅 사이의 빈 공간

■ **공중전**(空 中 戰싸울 전)
공중에서 일어나는 전쟁

■ **탁상공론**(卓탁자 탁 上윗 상 空 論논할 논)
실제 일어나기 힘든 이론

■ **공습**(空 襲엄습할 습)
공군이 적을 습격하는 일

■ **공습**(空襲)
갑자기 공격하여 침

■ **영공**(領거느릴 영 空)
나라의 주권이 미치는 하늘

자기 공격해서 치는 것을 말해요.
우리의 주권이 미치는 하늘을
영공이라고 불러요.
우리 영공에 다른 나라의 비행
기가 들어오려면 미리 허락을
받아야 해요.
하늘에는 지구를 둘러싸고 있는

긴급 상황! 적이 **공습**해 왔다, 오바!

파지직~

공중전이다!

색도, 맛도 없는 기체인 공기가 없는 진공 공간이 펼쳐져 있어
요. 우주인이 되어 외계인을 만나는 공상을 해 보세요. 공상은
지금은 이루기 힘들어 보이는 생각을 말해요.

헛된 마음, 헛된 상황의 허(虛)

'허(虛)'는 비어 있다는 의미와 함께 '헛되다'의 의미도 갖고 있어
요. 아래와 같은 설명에는 어떤 말을 쓸까요?

자기 분수에 맞지 않게 꾸미는 사람은 □영 가득하다,

으쓱거리며 겉으로만 뽐냄은 □세 부린다,

믿기 어려운 과장된 말과 행동은 □풍,

헛되고 황당한 것은 □황, 어이없고 허무한 것은 □망,

하는 일 없이 시간을 보내는 것은 □송세월,

헛되이 쓰는 것은 □비,

몸에 힘이나 기운이 없어지는 것은 □약.

이렇게 '허' 자가 들어가면 좋지 않은 뜻을 지니는 경우가 많네요.

- **공기**(空 氣기운 기)
  무색, 무취의 투명한 기체
- **진공**(眞참 진 空)
  아무 물질이 없는 곳
- **공상**(空 想생각 상)
  지금은 이루기 힘들어 보이는
  생각
- **허영**(虛 榮영화 영)
  실속 없는 필요 이상의 겉치레
- **허세**(虛 勢기세 세)
  겉으로만 드러나 보이는 거짓된
  힘
- **허풍**(虛 風바람 풍)
  믿기 어려운 과장된 말과 행동
- **허황**(虛 荒거칠 황)
  헛되고 황당하며 믿음직하지
  못함
- **허망**(虛 妄허망할 망)
  어이없고 허무한 것
- **허송세월**(虛 送 보낼 송 歲
  해 세 月달 월)
  하는 일 없이 시간을 보내는 것
- **허비**(虛 費쓸 비)
  헛되이 쓰는 것
- **허약**(虛 弱약할 약)
  몸에 힘이나 기운이 없어짐

| 공군 | | 진 | 공기 | 허영 | 허풍 | 허약 |
| 중 | | 영공 | 상 | 세 | 망 | 황 |

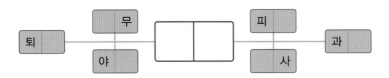
勤 勞
부지런할 근　일할 로

1 공통으로 들어갈 낱말을 쓰세요.

```
        무              피
퇴 ┤         ├─┤ │ ├─        ┤ 과
        야              사
```

2 주어진 낱말을 넣어 문장을 완성하세요.

1) 퇴 / 출 근

회사에 일하러 나가는 것은 ☐☐, 일을 마치고 회사에서 나가는 것은 ☐☐이다.

2) 야 근 / 무

회사에서 일을 하는 것은 ☐☐, 밤까지 일하는 것은 ☐☐이다.

3) 결 / 개 근

학교 다닐 때는 빠짐없이 나가 ☐☐상을 받았는데, 오늘 회사에 빠져 ☐☐을 하게 되었네.

4) 노 사 / 조

회사마다 근로자들이 만든 ☐☐가 있어서 임금 인상을 협상할 때 ☐☐ 간에 회의를 해서 결정해.

3 문장에 어울리는 낱말을 골라 ○표 하세요.

1) 나는 아침에 (출근 / 야근)하는 동안 틈틈이 책을 읽어.
2) 우리 반 친구들은 모두 결석 없이 (개근 / 결근)하였어.
3) 요즘 너무 무리하였더니 (피로 / 과로)가 쌓이고 있어.
4) 노동자들은 항상 (근면 / 근로)하게 일을 해.
5) 우리 아버지 회사는 (노사 / 노조) 관계가 좋아.

근로
근무
출근
퇴근
야근
재택근무
개근
결근
근면
피로
과로
노동
노동자
노동조합
노조
노사
고용 노동부
노동법

① 공통으로 들어갈 낱말을 쓰세요.

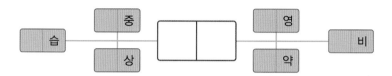

	공허
	허무
	공군
	공중
	공중전
	탁상공론
	공습
	영공
	공기
	진공
	공상
	허영
	허세
	허풍
	허황
	허망
	허송세월
	허비
	허약

② 주어진 낱말을 넣어 문장을 완성하세요.

1) 공 군 / 중

하늘과 땅 사이의 빈 공간은 ☐☐이고, 공중에서 공격과 방어의 임무를 수행하는 군대는 ☐☐이다.

2) 영 / 공 습

나라의 주권이 미치는 하늘을 일러 ☐☐이라 하고, 공중에서 습격하는 것은 ☐☐이라고 한다.

3) 진 / 공 기

아무 물질이 없는 공간은 ☐☐이고, 우리가 숨을 쉬는 데 필요한 무색무취의 기체는 ☐☐라고 한다.

4) 허 약 / 비

힘이나 기운이 없고 약한 것은 ☐☐이고, 헛되이 쓰는 것은 ☐☐이다.

③ 문장에 어울리는 낱말을 골라 ○표 하세요.

1) 기차를 놓쳐서 시간이 많이 (허황 / 허비)되었어.
2) 진영이는 몸이 많이 (허약 / 공허)해서 체육 시간에 자주 쉬곤 해.
3) 산에 오르니 (공기 / 공간)이(가) 맑아서 숨쉬기가 한결 편해.
4) 민방위 훈련을 하는 날에는 (공습 / 공군) 경보가 울려.
5) 우리의 주권이 미치는 하늘인 (영공 / 공중)은 함부로 비행할 수 없어.

이 순간이 영구했으면 좋겠어

長 길 장
永 길 영
久 오랠 구

유의 한자

시간이 무한히 이어지기를 바란 적이 있었나요? 너무 즐겁거나 행복해서 이 시간이 끝나지 않기를 바랄 때 그런 생각을 갖곤 하죠. 이런 바람을 담은 낱말이 영구와 장구예요. 각각 '길 영(永)', '길 장(長)'에 '오랠 구(久)' 자가 합쳐진 말이죠. 어떤 상태가 끝없이 길고 오래 이어진다는 뜻이에요.

영원하길 원하지만, 영원할 수 없네

여러분이 잘 알고 있는 영원도 영구, 장구와 뜻이 비슷한 말이에요. 사람이 언제까지나 죽지 않고 영원히 이어지는 생명, 즉 영생을 얻는다면 어떨까요? 기독교에서 영생이란 천국에서의 영원한 삶을 뜻하는 말로 쓰여요.

영속은 영원히 계속된다는 뜻이고, 영주는 한곳에서 오래 산다는 뜻이에요. 여기에 '권리 권(權)' 자를 붙인 영주권은 외국인에게 주는, 그 나라에서 오래 살 수 있는 권리를 의미하지요.

사람은 영원히 살지 못하기 때문에 언젠가는 죽음으로 인해 서로 이별할 때도 있어요. 영결식은 죽은 사람과 영원히 이별하는 의식이에요.

永 길 영　久 오랠 구

어떤 상태가 끝없이 이어짐

- **영원**(永 遠멀 원)
  끝없이 이어짐
- **영생**(永 生날 생)
  영원히 이어지는 생명
- **영속**(永 續이을 속)
  영원히 계속됨
- **영주**(永 住살 주)
  한곳에서 오래 삶
- **영주권**(永住 權권리 권)
  외국인에게 주는, 그 나라에서 오래 살 수 있는 권리
- **영결식**
  (永 訣이별할 결 式법 식)
  죽은 사람과 영원히 이별하는 의식

긴 것을 뜻하는 장(長), 오랜 기간을 뜻하는 구(久)

'길 장(長)', '오랠 구 (久)' 자를 이용한 낱 말도 알아볼까요?
배구나 농구 선수 중 에는 큰 키를 가진 장 신 선수들이 많아요.
아무래도 높은 공을 내리치거나 넣어야 하기 때문일 거예요.

벌써 **장사진**을 치고 있네.

내 차례가 오려면 **유구**한 시간이 흘러야겠네.

長 길 장	久 오랠 구
길고 오램	

장신(長 身몸 신)
큰 키의 몸

장기(長 期때 기)
긴 기간

장기적(長期 的~하는 적)
긴 기간에 걸치는

장사진
(長 蛇긴 뱀 사 陣진칠 진)
많은 사람이 줄지어 길게 늘어 선 모양

유구(悠아득할 유 久)
아득하게 오램

내구성
(耐견딜 내 久 性성질 성)
오래 견디는 성질

지구력(持가질 지 久 力힘 력)
오래 버티며 견디는 힘

긴 기간, 장기간을 뜻하는 장기는 장기적이라는 말로 많이 쓰여 요. 장기적으로 생각하고 판단해야 한다는 말처럼요.

위 그림을 보세요. 연예인의 사인회 장소에 벌써 많은 팬들이 장사진을 치고 있네요. 장사진은 많은 사람이 줄지어 길게 늘어 서 진을 치고 있는 모양을 이르는 말이에요.

내 차례가 오려면 유구한 시간이 흘러야 할 것 같아요. 유구는 아득하게 오래라는 뜻이지요.

유구는 장구와 함께 역사, 전통, 세월 등의 말과 어울려 쓰여 요. 유구한 역사, 장구한 세월처럼 말이에요.

내구성이 뛰어난 물건이라면 좋은 물건이에요. 내구성은 변하 지 않고 오래 견디는 성질을 뜻해요.

마라톤 선수가 되려면 지구력이 강해야 하죠. 지구력은 오래 버 티며 견디는 힘이거든요.

영	원		영	속		영	결	식		장	신			유		지
생			주			주				기			장	구	내	구	성
						권										력

낱말밭 | 어휘 관계

벌금에서 사형까지, 무서운 형벌

形 罰
형벌 형 벌 벌

유의 한자

징역 10년에 처한다.

형벌이 너무 약하네.

땅 땅 땅

유괴범

벌을 받아본 적이 있나요? 사회에서는 법을 어기면 벌을 받게 돼요. 벌을 다른 말로 형벌이라고 하는데요. 형벌은 '형벌 형(刑)', '벌 벌(罰)'로 죄지은 사람에게 내리는 벌을 말해요. 형벌과 관련된 말들은 주로 형(刑) 또는 벌(罰)이 들어가요.

죄를 지었을 때 받는 형(刑)

형(刑)은 법을 어겼을 때, 나라나 사회에서 받는 형벌을 뜻해요. 형벌에는 어떤 것들이 있을까요? 가장 무서운 벌부터 다뤄 봐요. 사형! 사형은 주로 살인과 같은 끔찍한 죄를 지은 사람을 죽이는 벌이에요.

옛날에는 불살라 죽이는 벌인 화형도 있었어요.

이렇게 무거운 벌은 극형이라고 하는데요, 가장 무거운 형벌이라는 뜻으로 주로 '사형'을 이르는 말이에요.

죄지은 사람의 목숨을 끊을 때는 처형한다고도 하지요.

평생 동안 교도소에 가두어 두는 형벌도 있어요. 기한이 끝이 없다고 무기형이라고도 부르고, 몸의 마지막까지 교도소에 있어야 해서 종신형이라고도 불러요.

刑 罰
형벌 형 벌 벌

죄지은 사람에게 내리는 벌

■ **사형**(死죽을 사 刑)
죄지은 사람을 죽이는 벌

■ **화형**(火불 화 刑)
불살라 죽이는 벌

■ **극형**(極끝 극 刑)
가장 무거운 형벌

■ **처형**(處다스릴 처 刑)
죄지은 사람의 목숨을 끊는 것

■ **무기형**
(無없을 무 期기약할 기 刑)
기한 없이 교도소에 가두어 두는 형벌

■ **종신형**(終끝 종 身몸 신 刑)
몸의 마지막까지 교도소에 가두어 두는 형벌

■ **구형**(求청할 구 刑)
검사가 죄지은 사람에게 어떤 벌을 내려 달라고 요구하는 것

형벌을 집행할 때는 반드시 법에 의한 재판을 거쳐야만 해요.
이때 죄를 밝혀낸 검사가 죄지은 사람에게 어떤 벌을 내려 달라고 판사에게 요구하는 것은 구형이에요.
판사가 죄인에게 내리는 벌의 양은 형량, 죄인이 형벌을 받으며 갇혀 있는 곳은 형무소예요. 교도소라고도 해요.
이렇게 범죄와 형벌에 관한 법은 형법,
형법의 적용을 받는 사건은 형사 사건이라고 해요.
그럼 형을 집행하기 위해 범죄를 수사하고 범인을 잡는 경찰관은?
맞아요. 바로 형사예요.

벌칙에서 엄벌까지 다양한 벌(罰)

사회에도 벌을 주는 제도가 있어요.
다음 빈칸을 채우며 벌에 대해 알아봐요.

벌로 다스리는 것은 처 ☐ 이고, 몸에 직접 고통을 주어 벌하는 것은 체 ☐ , 아주 엄하게 벌을 준다는 것을 엄 ☐ 이라고 불러요.
또 '천벌을 받다'에서 천 ☐ 은 하늘이 내리는 벌이에요.
게임에서 지면 벌칙을 정하잖아요. 벌칙은 법이나 약속을 어겼을 때 벌을 주기로 규칙을 정한 거예요.
사회에도 이런 벌칙들이 있어요. 대표적 벌칙이 벌금! 벌금은 벌로 돈을 내는 것이고, 벌점은 벌로 점수가 깎이는 것을 말해요.

- **형량**(刑 量양 량)
  죄인에게 내리는 벌의 양
- **형무소**(刑 務힘쓸 무 所곳 소)
  죄인이 형벌을 받으며 갇혀 있는 곳 = **교도소**
- **형법**(刑 法법 법)
  범죄와 형벌에 관한 법
- **형사 사건**
  (刑 事일 사 事 件사건 건)
  형법의 적용을 받는 사건
- **형사**(刑 事)
  범죄를 수사하고 범인을 잡는 경찰관
- **처벌**(處다스릴 처 罰)
  벌로 다스리는 것
- **체벌**(體몸 체 罰)
  몸에 직접 고통을 주어 벌함
- **엄벌**(嚴혹독할 엄 罰)
  엄하게 벌줌
- **천벌**(天하늘 천 罰)
  하늘이 내리는 벌
- **벌칙**(罰 則법칙 칙)
  법이나 약속을 어겼을 때 어떤 벌을 주기로 규칙을 정한 것
- **벌금**(罰벌 벌 金금 금)
  벌로 내는 돈
- **벌점**(罰 點점수 점)
  벌로 점수가 깎이는 것

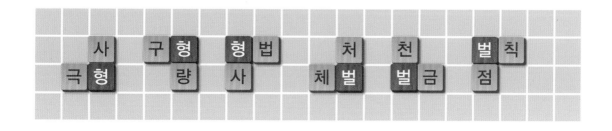

낱말밭
블록 맞추기

❶ 공통으로 들어갈 낱말을 쓰세요.

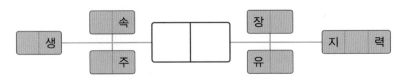

영구
영원
영생
영속
영주
영주권
영결식
장구
장신
장기
장기적
장사진
유구
내구성
지구력

❷ 주어진 낱말을 넣어 문장을 완성하세요.

1)
영	원
생	

끝없이 이어짐은 ☐☐, 영원히 이어지는 생명은

☐☐이다.

2)
장	신
기	

큰 키의 몸은 ☐☐, 긴 기간은 ☐☐라고 해.

3)
장	구
사	
진	

길고 오램은 ☐☐, 많은 사람이 줄지어 길게 늘어선

모양은 ☐☐☐이야.

❸ 문장에 어울리는 낱말을 골라 ○표 하세요.

1) 푸른 산과 맑은 물이 있는 이곳에서 (영주 / 영속)하고 싶어.

2) (영결식 / 영주권) 때 많은 사람이 모여 슬픔을 함께 나누었습니다.

❹ 다음 밑줄 친 낱말에서 '영'의 뜻이 다른 것을 고르세요. (   )

① 이 세상에 영원의 사랑이 있을까?

② 나는 온갖 영화를 누리며 살고 싶어.

③ 이 그림은 영구 보존하기로 결정되었다.

④ 영생을 얻을 수 있는 방법을 가르쳐 주세요.

⑤ 이 슬픔이 언제까지나 영속되지는 않을 것이다.

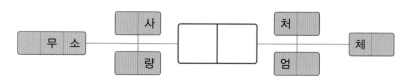

1 공통으로 들어갈 낱말을 쓰세요.

무 소 ─── 사 / 량 ─── ☐☐ ─── 처 / 엄 ─── 체

2 주어진 낱말을 넣어 문장을 완성하세요.

1) 천 / 엄 벌
하늘이 내리는 벌은 ☐☐, 엄하게 벌주는 것은 ☐☐이라고 해.

2) 체 / 처 벌
몸에 직접 벌을 주는 것은 ☐☐, 벌로 다스리는 것은 ☐☐이야.

3) 사 / 형 벌
그는 테러리스트로 ☐☐을 언도받았어. 최고로 무서운 ☐☐이지.

3 문장에 어울리는 낱말을 골라 ○표 하세요.

1) 잔 다르크는 적군에 의해 (화형 / 천벌)에 처해졌습니다.

2) 가장 무거운 형벌은 (극형 / 체벌)이라고 합니다.

3) 게임을 하다 틀리면 (벌칙 / 벌점)을 수행해야 합니다.

4 낱말의 관계가 [보기]와 같은 것을 고르세요. (   )

보기	극형 – 화형

① 형벌 – 사형   ② 벌금 – 벌점   ③ 형무소 – 형사

④ 극형 – 벌점   ⑤ 사형 – 형량

형벌
사형
화형
극형
처형
무기형
종신형
구형
형량
형무소
형법
형사 사건
형사
처벌
체벌
엄벌
천벌
벌칙
벌금
벌점

집도 가지가지, 가옥

家
집 가

屋
집 옥

유의 한자

우리나라 전통 **가옥**은 이글루지!

우리나라의 전통 **가옥**은 한옥!

한국의 한옥, 몽골의 게르, 알래스카의 이글루…. 모두 각 나라의 전통 가옥이에요. 가옥이란 '집 가(家)', '집 옥(屋)'을 써서 사람이 사는 집을 말하지요. 이외에도 집을 나타내는 낱말은 아주 많아요.

사람이 사는 곳을 뜻하는 낱말

사람이 사는 곳을 뜻하는 낱말을 알아봐요.

가(家)는 일반적인 집을 말해요.

사람이 살림하는 집은 ☐택,

짚이나 갈대로 지붕을 만든 집은 초☐.

옥(屋)은 지붕 있는 집을 말해요.

우리나라 고유의 형식으로 지은 집은 한☐,

서양식으로 지은 집은 양☐.

택(宅)은 살림살이를 하는 곳이에요.

사람이 살 수 있도록 지은 집은 주☐, 자기 집은 자☐,

그리고 규모가 아주 큰 집은 저☐.

사(舍)는 어떤 목적에 따라 지은 집을 말하지요.

家 집 가	屋 집 옥
사람이 사는 집	

- **가택**(家 宅집 택)
  사람이 살림하는 집
- **초가**(草풀 초 家)
  짚이나 갈대로 지붕을 만든 집
- **한옥**(韓우리나라 한 屋)
  우리나라 형식으로 지은 집
- **양옥**(洋서양 양 屋)
  서양식으로 지은 집
- **주택**(住살 주 宅)
  사람이 살 수 있도록 지은 집
- **자택**(自자기 자 宅)
  자기 집
- **저택**(邸집 저 宅)
  규모가 아주 큰 집
- **기숙사**
  (寄부칠 기 宿묵을 숙 舍집 사)
  학생이나 회사원에게 마련해 준 집

학생이나 회사원에게 마련해 준 집은
기숙 ☐ , 나라가 관리에게 빌려준 집
은 관 ☐ , 간단하게 지은 집은 막 ☐ ,
가축을 기르는 곳은 축 ☐ .
궁(宮)은 임금이 사는 큰 집을 뜻해요.
왕이 생활하는 집은 ☐ 전이에요. 궁
궐과 같은 말이죠.

낯설지 않은 걸 보면 전생에 난 공주였나 봐.

어휴, 공주병. 네가 공주면 난 왕이다.

다양한 목적을 가진 건물과 관련된 낱말

루(樓)는 나무를 쌓아 올려 지은 다락을 뜻해요. 문과 벽이 없는
높은 집은 누각, 적을 살피기 위해 높이 지은 다락집은 망루예요.
각(閣)은 다락에 지은 집을 뜻해요.
종을 달기 위해 지은 누각을 종 ☐ 이라고 해요.
당(堂)은 넓은 마루가 있는 집이에요.
가톨릭교의 예배 장소는 성 ☐ , 강연이나 강의를 할 때 쓰는 큰
방은 강 ☐ , 옛날에 글을 가르치던 곳은 서 ☐ 이라고 하지요.
관(館)은 사람들이 모이거나 잠시 머무를 수 있도록 만든 집이죠.
모임이나 회의를 하는 곳은 회 ☐ ,
책을 볼 수 있게 한 건물은 도서 ☐ 이지요.
원(院)은 담장이 쳐진 건물이에요. 학교 밖의 교육 기관은 학 ☐ ,
사건을 재판하기 위해 세운 곳은 법 ☐ , 아픈 사람을 치료하는
곳을 병 ☐ , 병원보다 시설이 작은 의료 기관은 의 ☐ 이에요.

관사(官벼슬 관 舍)
나라가 관리에게 빌려준 집

막사(幕장막 막 舍)
임시로 간단하게 지은 집

축사(畜짐승 축 舍)
가축을 기르는 곳

궁전(宮집 궁 殿전각 전)
왕이 생활하는 집 ≒ **궁궐**

누각(樓다락 누 閣집 각)
문과 벽이 없는 높은 집

망루(望바랄 망 樓)
적을 살피기 위해 높이 지은 집

종각(鐘쇠북 종 閣)
종을 달기 위해 지은 누각

성당(聖성스러울 성 堂집 당)
가톨릭교의 예배 장소

강당(講외울 강 堂)
강의를 할 때 쓰는 큰 방

서당(書글 서 堂)

회관(會모일 회 館)
모임이나 회의를 위해 만든 곳

도서관(圖그림 도 書館)

학원(學배울 학 院집 원)

법원(法법 법 院)
사건을 재판하기 위해 세운 곳

병원(病병 병 院)

의원(醫치료할 의 院)
병원보다 시설이 작은 의료 기관

초 양 자 막 궁 전 성
가 택 한 옥 주 택 관 사 궐 강 당

대장이 안 좋은 대장님

대장 大將 ≠ 대장 大腸

동음이의어

대장님이 대장이 안 좋으신가봐.

대장이 뭐길래?

아야

대장님의 대장이 안 좋은가 봐요. 대장(大將)과 대장(大腸)은 소리는 똑같지만 뜻이 다른 말이에요. 대장(大將)은 한 무리의 우두머리를 의미하고, 뒤의 대장(大腸)은 길고 큰 창자를 말해요. 이렇듯 소리는 같지만 뜻이 완전히 다른 낱말들이 우리말에는 꽤 많아요.

'대'로 시작하는, 같은 소리 다른 뜻인 낱말

'대사'는 무슨 뜻일까요? 여러 가지 뜻이 있답니다.
큰일을 의미하는 대사도 있고, 연극이나 영화에서 배우가 하는 말도 대사예요. 여기서는 '큰 대(大)' 자가 아니라 '무대 대(臺)' 자를 쓴답니다.
또한 나라를 대표해 다른 나라에 가서 외교를 맡아보는 최고 높은 사람도 대사, 스님을 높여 부르는 말도 대사라고 하지요.
영화를 촬영할 때 대사 한 줄을 하기 위해 하루 종일 대기하는 연기자들도 있어요. 대기는 때를 기다린다는 뜻이에요.
막상 연기를 할 때면 NG를 내게 되죠. 그럴 때에는 신선한 대기를 크게 들이마시면 긴장이 풀리겠죠?

大 큰 대	將 장수 장
한 무리의 으뜸인 사람	

■ 대장(大 腸창자 장)
길고 큰 창자
■ 대사(大 事일 사)
큰일
■ 대사(臺무대 대 詞말씀 사)
연극이나 영화에서 배우가 하는 말
■ 대사(大 使부릴 사)
나라를 대표해 다른 나라에 가서 외교를 맡아보는 최고 높은 사람
■ 대사(大 師스승 사)
스님을 높여 부르는 말
■ 대기(待기다릴 대 機기회 기)
때를 기다림

짐작하겠지만 마시는 대기는 지구를 둘러싼 기체, 즉 '공기'의 다른 말이랍니다.

소리는 같지만 뜻이 다른 낱말들

소리는 같지만 뜻이 다른 낱말들은 한자를 보면 쉽게 구별할 수 있어요. 하지만 한자 표기가 안 되어 있다면요? 그럴 때에는 문장에서 어떤 말들이 앞뒤에 있는지 잘 살펴보면 된답니다.

그럼 다음 낱말들을 살펴보며 뜻을 구별해 보아요.

> "성적표를 본 엄마는 몹시 동요했고, 눈치 없는 동생은 여전
> 動搖 : 흔들리고 움직임
> 히 동요를 불렀다."
> 童謠 : 아이들의 노래
>
> "한겨울에 바깥에서 동상처럼 서 있다가는 동상에 걸리기 쉬워."
> 銅像 : 구리로 사람이나 동물의 모양을 만드는 것   凍傷 : 살갗이 얼어서 다치는 일
>
> "노력의 결정이 들어간 작품이니, 심사 위원의 결정과 상관없
> 結晶 : 노력의 결과로 얻어진 보람   決定 : 결단을 내려 정함
> 이 박수를 보낸다."

이처럼 행동이나 태도를 분명하게 정하는 결정은 '결정적', '결정하다', '결정되다'로 쓰이죠. 일정한 형체를 맺는 결정은 노력의 결과로 얻어진 보람을 비유적으로 표현할 때 쓰고요. 또 과학에서는 작은 입자들이 규칙적으로 배열되고 형체를 이루는 것도 결정이라고 해요. 결정들이 모이면 결정체가 되는데, 특히 눈 결정체가 참 예쁘죠?

- **대기**(大 큰 대 氣 기운 기)
  지구를 둘러싼 커다란 기체
- **동요**(動 움직일 동 搖 흔들 요)
  흔들리고 움직임
- **동요**(童 아이 동 謠 노래 요)
  아이들의 노래
- **동상**(銅 구리 동 像 모양 상)
  구리로 사람이나 동물의 모양을 만드는 것
- **동상**(凍 얼 동 傷 다칠 상)
  심한 추위로 살갗이 얼어서 다치는 일
- **결정**(結 맺을 결 晶 밝을 정)
  노력의 결과로 얻어진 보람, 작은 입자들이 규칙적으로 배열되고 형체를 이루는 것
- **결정**(決 결정할 결 定 정할 정)
  결단을 내려 정함
- **결정체**(結 晶 體 몸 체)
  결정이 일정한 형체를 이룬 물체

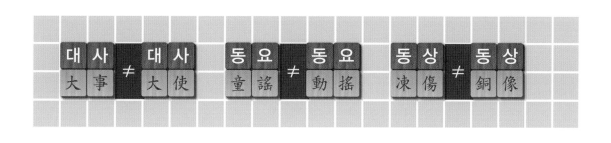

대사	≠	대사		동요	≠	동요		동상	≠	동상
大事		大使		童謠		動搖		凍傷		銅像

낱말밭 블록 맞추기  家 屋
집 가   집 옥

① 공통으로 들어갈 낱말을 쓰세요.

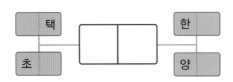

택 │ 한
초 │ 양

가옥
가택
초가
한옥
양옥
주택
자택
저택
기숙사
관사
막사
축사
궁전
궁궐
누각
망루
종각
성당
강당
서당
회관
도서관
학원
법원
병원
의원

② 주어진 낱말을 넣어 문장을 완성하세요.

1)
| 성 |
| 서 당 |

□□ 에 계시는 신부님, □□ 에 계시는 훈장님.

2)
| 회 |
| 도 서 관 |

□□ 에서 친구들과 공부 모임을 하기 전에

□□□ 에 가서 자료를 찾았다.

3)
| 병 |
| 학 원 |

심한 감기에 걸려 □□ 에 들렀다가, 보충 수업을

들으러 □□ 에 갔어요.

③ 문장에 어울리는 낱말을 골라 ○표 하세요.

1) 저 소녀의 가족은 소문난 부자라서 엄청나게 큰 (자택 / 저택)에 산대.

2) 대학교에 입학한 형은 근처 (관사 / 기숙사)에서 살고 있어.

3) 병사들은 밤낮없이 (망루 / 종각)에서 적을 감시했다.

4) 환자의 병이 심각하여 시설이 좀 더 큰 (의원 / 병원)으로 옮겼습니다.

④ [보기] 중에서 집을 의미하는 한자가 들어가지 <u>않은</u> 낱말을 모두 고르세요. (,   ,   ,   ,   ,   )

보기   초가 양옥 천막 주택 궁전 누각

안방 망루 축사 의원 학교 여관

기차역 군대 막사 서당 자택 지하

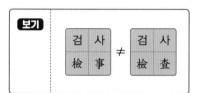

1 [보기]와 같이 소리는 같지만 뜻이 다른 낱말을 쓰세요.

보기

검	사	≠	검	사
檢	事		檢	査

1)

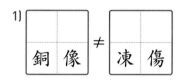

2)

2 주어진 낱말을 넣어 문장을 완성하세요.

1)

동	요	≠	동	요
動	搖		童	謠

성적표를 본 엄마는 몹시 ☐☐했고,

눈치 없는 동생은 여전히 ☐☐를 불렀다.

2)

동	상	≠	동	상
銅	像		凍	傷

한겨울에 바깥에서 ☐☐처럼 서 있다가

는 ☐☐에 걸리기 십상이야.

3)

결	정	≠	결	정
結	晶		決	定

너의 노력의 ☐☐이 들어간 작품이니,

심사 위원의 ☐☐과 상관없이 응원할게.

3 문장에 어울리는 낱말을 골라 ○표 하세요.

1) (대장(大將) / 대장(大腸)) 활동이 좋지 않아서 병원에 갔다.

2) 단 한 장면 촬영을 위해 하루를 꼬박 (대기(待機) / 대기(大氣))했다.

3) 나는 이번 대회에서 (동요(動搖) / 동요(童謠)) 부문 최우수상을 받았다.

대장(大將)
대장(大腸)
대사(臺詞)
대사(大使)
대사(大師)
대사(大事)
대기(待機)
대기(大氣)
동요(動搖)
동요(童謠)
동상(銅像)
동상(凍傷)
결정(結晶)
결정(決定)
결정체

결실은 열매를 맺는 것

결실은 열매를 맺는다는 뜻이에요. 그런데 '결실을 맺다'라고 말하면 열매를 맺고 맺다는 말이 되어 버려요. 맺는다는 의미가 두 번 들어가죠? 우리말에는 한자어와 고유어가 어울려 쓰이면서 의미가 겹쳐지는 경우가 참 많아요.

의미가 겹쳐 쓰이는 말, 말, 말!
"간단히 요약해 다른 대안을 찾자."
요약은 이미 요점을 간추렸다는 의미가 있으니 '간단히'를 빼도 되겠죠? 대안은 어떤 의견을 대신하는 생각이에요.
"미리 예습해서 시범을 보이는 거야."

結	實
맺을 결	열매 실
열매를 맺음 / 일의 성과가 좋음	

■ **요약**(要중요할 요 約줄일 약)
요점을 간추림

■ **대안**(代대신할 대 案생각 안)
어떤 의견을 대신하는 생각

■ **예습**(豫미리 예 習익힐 습)
미리 익힘

■ **시범**(示보일 시 範모범 범)
어떤 모범을 보임

예습이란 말에는 미리 익힌다는 의미가 있으니 겹쳐 쓴 '미리'를 빼야 해요. 시범에도 모범을 보인다는 의미가 이미 담겨 있어요.

이처럼 의미가 겹쳐졌지만 말 모양이 다르니 알아차리기 어렵죠?

겹쳐 쓴 말을 쉽고 바르게 쓰는 법

그럼 겹쳐 쓴 말을 어떻게 하면 더 쉽고 바르게 쓸 수 있을까요?

계속 이어지다(끊이지 않고 이어지고 이어지다) → 계속하다

공감을 느끼다(함께 똑같이 느끼고 느끼다) → 공감하다

담임을 맡다(책임지고 맡고 맡다) → 담임이다

박수를 치다(손뼉을 치고 치다) → 손뼉을 치다

수모를 받다(업신여김을 받고 받다) → 업신여김을 받다 / 창피당하다

수확을 거두다(농작물을 거두고 거두다) → 농작물을 거두다 / 수확하다

순찰을 돌다(살피며 돌고 돌다) → 돌아보다 / 순찰하다

유언을 남기다(말을 남기고 남기다) → 유언하다

작문을 짓다(글을 짓고 짓다) → 글을 짓다

졸업을 마치다(공부하는 일을 마치고 마치다) → 공부하는 일을 마치다 / 졸업하다

낙엽이 떨어지다(잎이 떨어지고 떨어지다) → 나뭇잎이 떨어지다 / 잎이 지다

득점을 얻다(점수를 얻고 얻다) → 점수를 얻다 / 득점하다

시범을 보이다(모범을 보이고 보이다) → 모범을 보이다 / 시범하다

어때요? 군더더기를 걷어 내니 훨씬 간단하고 자연스러워졌죠?

계속(繼이을 계 續이을 속)
끊이지 않고 이어 감

공감(共한 가지 공 感느낄 감)
함께 똑같이 느낌

담임(擔맡을 담 任맡길 임)
책임지고 맡아봄

박수(拍칠 박 手손 수)
손뼉을 침

수모(受받을 수 侮업신여길 모)
업신여김을 받음

수확(收거둘 수 穫거둘 확)
농작물을 거두어들임

순찰(巡돌 순 察살필 찰)
여러 곳을 돌아보며 사정을 살핌

유언(遺남길 유 言말씀 언)
죽음을 앞두고 남기는 말

작문(作지을 작 文글월 문)
어떤 글을 지음

졸업(卒마칠 졸 業공부 업)
공부하는 일을 마침

낙엽(落떨어질 락 葉잎 엽)
나뭇잎이 떨어짐

득점(得얻을 득 點점수 점)
점수를 얻음

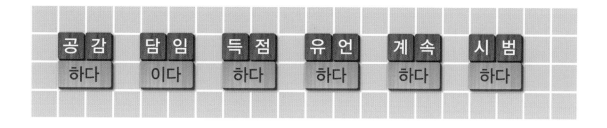

장수한 장수

장수 長壽 ≠ 장수 將帥

동음이의어

"100세까지 장수한 장수."

어? 똑같은 단어가 두 개나 있네요. 하지만 뜻은 전혀 달라요. 앞에 나온 장수는 '길 장(長)'과 '목숨 수(壽)'가 합쳐져 오래 산다는 뜻이고, 뒤에 나온 장수는 '장수 장(將)'과 '장수 수(帥)'가 합쳐져 군사를 거느리는 장수를 뜻해요. 이처럼 소리는 같지만 뜻이 다른 말을 동음이의어라고 해요.

소리는 같지만 뜻이 서로 다른 낱말

새롭게 아내가 된 여자도 신부, 사람들을 가르치고 보살피는 가톨릭 지도자도 신부라고 해요.

자연 속에서 죽지 않고 산다는 상상의 인물을 가리켜 신선이라고 하고, 새것처럼 깨끗하고 싱싱한 것도 신선하다고 말해요.

음식이나 물건을 담는 그릇을 용기라고 해요. 겁이 없고 씩씩한 친구에게도 용기 있다고 하지요.

어떤 일을 이루려는 마음은 의지,

長 길 장	壽 목숨 수
오래 삶	

- **장수**(將장수 장 帥장수 수)
  군사를 거느리는 장수
- **신부**(新새로울 신 婦아내 부)
  새롭게 아내가 된 여자
- **신부**(神신 신 父아버지 부)
  가톨릭교 지도자
- **신선**(神 仙신선 선)
  죽지 않고 산다는 상상의 인물
- **신선**(新 鮮싱싱할 선)
  새것처럼 깨끗하고 싱싱함
- **용기**(容담을 용 器그릇 기)
  물건이나 음식을 담는 그릇
- **용기**(勇용감할 용 氣기운 기)
  겁이 없고 씩씩한 기운
- **의지**(意마음 의 志뜻 지)
  어떤 일을 이루는 마음

다른 사람이나 물건에 기대려고 하는 것도 의지하다라고 해요.
사람이 가지고 있는 따뜻한 마음을 인정, 확실히 그러하다고 여기는 것 또한 인정이라고 해요.
과거는 지나간 시절을 가리켜요. 옛날, 관리를 뽑을 때 치르던 시험도 과거라고 했어요.
어때요? 소리는 같아도 쓰임은 완전히 다르지요.

소리는 같은데 뜻이 여러 개인 낱말

세 개 또는 네 개의 뜻을 가지고 있는 낱말도 있답니다.
식탁 위에 크림 수프와 먹음직한 해물 파스타가 있다고 상상해 봐요! 침이 고이나요?
당신은 서양식 음식인 양식을 좋아하는군요! 사람이 살기 위해 필요한 먹을거리 또한 양식이라고 해요. 해물 파스타에 들어가는 버섯, 조개 등의 재료는 양식을 해서 얻은 것들이에요. 즉, 사람이 기른 것이지요. 음식 옆에는 숟가락과 포크가 가지런히 놓여 있고 냅킨도 멋스럽게 접어 두었어요. 이처럼 일정하게 갖춘 모양이나 형식도 양식이라고 해요.
이번에는 그 식당을 영화 촬영 장소라고 생각해 볼까요?
배우가 주변을 두리번거리며 친구를 기다리는 역할을 연기해요. 그런데 갑자기 부엌에서 불이 나면서 흐릿한 연기가 났고, 식당에 있는 사람들이 모두 밖으로 대피했어요. 어쩔 수 없이 친구와의 약속은 다른 날짜로 연기되었지요.

■ **의지**(依의지할 의 支지탱할 지)
다른 것에 기대려고 하는 것
■ **인정**(人사람 인 情인정 정)
사람이 가지고 있는 따뜻한 마음
■ **인정**(認알 인 定결정할 정)
확실히 그렇다고 여기는 것
■ **과거**(過지날 과 去갈 거)
지나간 시절
■ **과거**(科과목 과 擧시험 거)
옛날, 관리를 뽑을 때 치르던 시험
■ **양식**(洋서양 양 食음식 식)
서양식 음식
■ **양식**(糧양식 양 食)
사람이 살기 위해 필요한 먹을거리
■ **양식**(養기를 양 殖불릴 식)
물고기나 버섯 등을 사람이 기름
■ **양식**(樣모양 양 式법 식)
일정하게 갖춘 모양이나 형식
■ **연기**(演연기할 연 技재주 기)
배우가 맡은 역할에 따라 성격이나 행동을 표현하는 일
■ **연기**(煙연기 연 氣기운 기)
무언가 탈 때 나오는 흐릿한 기체
■ **연기**(延늘일 연 期기간 기)
정해진 날짜를 뒤로 미루는 것

| 신부 | ≠ | 신부 | 용기 | ≠ | 용기 | 의지 | ≠ | 의지 |
| 新婦 | | 神父 | 容器 | | 勇氣 | 意志 | | 依支 |

1 [보기]와 같이 의미가 겹쳐 쓰인 낱말을 바르게 고쳐 쓰세요.

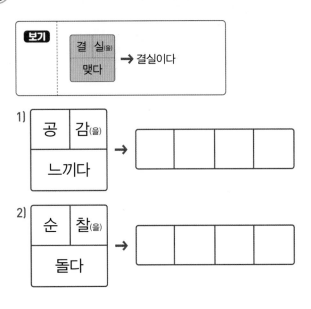

1)
공	감(을)
느끼다	

→ ☐ ☐ ☐ ☐

2)
순	찰(을)
돌다	

→ ☐ ☐ ☐ ☐

2 겹쳐 쓴 말을 바르게 고쳐 쓰세요.

1) 계속: 끊이지 않고 이어가다.

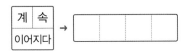

계	속
이어지다	

→ ☐ ☐ ☐ ☐

2) 수확: 농작물을 거두어들이다.

수	확(을)
거두다	

→ ☐ ☐ ☐ ☐

3) 유언: 말을 남기다.

유	언(을)
남기다	

→ ☐ ☐ ☐ ☐

4) 졸업: 공부하는 일을 마치다.

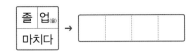

졸	업(을)
마치다	

→ ☐ ☐ ☐ ☐

3 바르게 고쳐 쓴 말이 <u>아닌</u> 것을 고르세요. (　　)

① 간단히 요약하면 – 요약하면

② 미리 예습하다 – 예습하다

③ 시범을 보이다 – 시범하다

④ 결심을 하다 – 결실 맺다

결실
요약
대안
예습
시범
계속
공감
담임
박수
수모
수확
순찰
유언
작문
졸업
낙엽
득점

낱말밭 블록 맞추기

장 수 ≠ 장 수
長 壽 　 將 帥

① 다음 설명을 보고 소리는 같지만 뜻이 다른 낱말을 쓰세요.

1) 오래 삶 →

2) 군사를 거느리는 우두머리 →

② 주어진 낱말을 넣어 문장을 완성하세요.

1)
신	부
新	婦
≠
신	부
神	父

다음 달에 결혼하는 ☐☐는 성당의 ☐☐님이 주례를 서 주길 바랐어요.

2)
인	정
認	定
≠
인	정
人	情

어려움에 처한 친구를 도와주다니, 넌 참 ☐☐이 많구나. ☐☐할게!

3)
의	지
意	志
≠
의	지
依	支

네가 꼭 하고자 하는 ☐☐만 있다면, 다른 사람을 ☐☐하지 않아도 해낼 수 있어!

③ 다음 중 '양식'이 어울리지 <u>않게</u> 쓰인 문장을 고르세요. (　　)

① 우리 할머니는 바닷가에서 굴 양식을 하고 계셔.

② 너는 다른 사람을 도와주는 따뜻한 양식을 가지고 있구나.

③ 가뭄이 계속 되자 먹을 양식이 떨어졌다.

④ 나는 한식보다 양식이 더 좋아!

⑤ 나누어 준 양식에 따라 독후감을 써 오세요.

장수(長壽)

장수(將帥)

신부(新婦)

신부(神父)

신선(神仙)

신선(新鮮)

용기(容器)

용기(勇氣)

의지(意志)

의지(依支)

인정(人情)

인정(認定)

과거(過去)

과거(科擧)

양식(洋食)

양식(糧食)

양식(養殖)

양식(樣式)

연기(演技)

연기(煙氣)

연기(延期)

튼튼하다는 '물건이나 사람의 몸이 단단하고 굳세다'라는 뜻이고, 건강하다는 '몸과 마음이 아무 문제 없이 튼튼하다'라는 뜻이에요. 튼튼과 건강처럼 뜻이 비슷하지만 다르게 소리나는 단어들을 더 살펴볼까요?

비슷한 뜻을 가진 다른 낱말

뜻이 비슷한 낱말들은 서로 바꾸어 써도 뜻이 통해요.
빌리다와 꾸다는 남의 물건이나 돈을 나중에 되돌려주기로 하고 사용하는 것을 말해요.
"친구에게 돈을 _____."
빠르다와 신속하다는 어떤 동작을 하는 데 걸리는 시간이 짧은 것을 의미해요.
"환자를 ____게 병원으로 이동했어."
다스리다와 지배하다는 주로 강한 사람이 약한 사람을 다스린다는 말이에요.
"바른 정치로 나라를 _____."
뛰어나다와 우수하다는 남보다 훌륭하거나 앞서 있다는 뜻이에요.

튼튼하다

물건이나 사람의 몸이
단단하고 굳셈

■ **건강**(健굳셀 건 康편안할 강)**하다**
몸과 마음이 아무 문제 없이
튼튼하다
■ **빌리다**
남의 물건이나 돈을 다시 돌려
주는 대가로 잠시 얻어 쓰다
■ **꾸다**
나중에 갚기로 하고 남의 것을
빌리다
■ **빠르다**
어떤 동작을 하는 데 시간이 적
게 들다
■ **신속**(迅빠를 신 速빠를 속)**하다**
날쌔고 빠르다
■ **다스리다**
나라나 가족을 보살피고 관리하다

"우리 반에는 ＿＿＿(한) 학생들이 많아."

나다와 생기다는 무언가 새로 솟아나는 것을 말해요.

"빠진 이가 새로 ＿＿＿."

배우다와 공부하다는 새로운 지식이나 교양을 익히는 것이에요.

"유치원에 들어간 동생이 한글을 ＿＿＿기 시작했어."

바꿔 쓰면 어색한 낱말

닦다와 씻다, 청소하다는 모두 더러운
것을 깨끗하게 하는 일을 뜻해요. 하
지만 닦다는 거죽 등으로 문지를 때,

씻다는 물을 사용할 때, 청소하다는 어떤 장소를 깨끗하게 할
때 사용되어요. 그러니까 '유리창을 닦다', '쌀을 씻다', '화장실
을 청소하다'가 되는 거예요.

다투다, 투쟁하다는 상대를 이기려고 싸우는 행동을 뜻해요. 다
만 다투다는 의견이 다를 때, 투쟁하다는 집단이나 나라가 대상
일 때 사용해요.

그럼 아래 문장의 싸우다와 바꿔 쓸 수 있는 말은 무엇일까요?

① 동생과 싸우다. → 동생과 ＿＿＿.

② 나라의 독립을 위해 싸우다. → 나라의 독립을 위해 ＿＿＿.

①번은 다투다, ②번은 투쟁하다와 바꿔 쓸 수 있어요. 비슷한
말이라도 가장 어울리는 단어를 사용하는 것이 좋겠죠?

■ 지배(支지탱할 지 **配**나눌 배**)하다**
자기 뜻대로 사람을 다스리다

■ 뛰어나다
남보다 훌륭하다

■ 우수(優뛰어날 우 **秀**빼어날 수**)하다**
여럿 가운데 앞서 있다

■ 나다
피부나 땅 위에 새로 솟아나다

■ 생기다
없던 것이 새로 있게 되다

■ 배우다
새로운 지식이나 교양을 익히다

■ 공부하다
학문이나 기술을 익히다

■ 닦다
더러운 것을 없애려고 문지르다

■ 씻다
물 등으로 더러운 것을 없애다

■ 청소하다
더러운 것을 깨끗하게 하다

■ 다투다
의견이 달라 따지고 싸우다

■ 투쟁(鬪싸움 투 **爭**다툴 쟁**)하다**
나라나 집단을 이기려고 싸우다

■ 싸우다
무기 등으로 이기려고 애쓰다

손이 발이 되도록 빌어 본 적이 있나요? 여기에서 손과 발은 신체 부위를 뜻하지 않아요. 손이 발이 되도록 빌다는 말은 어떤 잘못을 했을 때 간절하게 용서를 비는 것을 비유적으로 표현한 말이지요. 이처럼 우리말에는 원래의 뜻과는 다른 새로운 뜻으로 굳어진 표현들이 있어요.

'발'이 들어간 관용어

발이 넓다는 '아는 사람이 많다'는 속뜻으로 굳어져 쓰인 표현이에요. 발을 붙일 곳이 없다는 일정하게 머물 곳이 없다는 뜻이죠.

이처럼 발은 관계나 참여에 대한 의미로 많이 쓰여요.

발을 끊다는 서로 오가지 않거나 관계를 끊는다는 의미예요.

어떤 단체에 들어가거나 일에 참여할 때는 발을 디디다라고 해요. 지하철이나 버스에 사람들이 꽉 차서 복작거릴 때는 발 디딜 틈

손이 발이 되도록 빌다

어떤 잘못을 했을 때 간절하게 용서를 비는 것을 비유적으로 이르는 말

■ **발이 넓다**
아는 사람이 많다

■ **발을 붙일 곳이 없다**
일정하게 머물 곳이 없다

■ **발을 끊다**
서로 오가지 않거나 관계를 끊다

■ **발을 디디다**
단체에 들어가거나 일에 참여하다

■ **발 디딜 틈이 없다**
복작거리다

■ **발이 묶이다**
몸을 움직일 수 없다

■ **발 벗고 나서다**
적극적으로 나서다

■ **발바닥에 불이 나다**
부리나케 돌아다니다

이 없다.

몸을 움직일 수 없을 때는 발이 묶이다라고 표현하죠.

학교를 위해 발 벗고 나서다는 적극적으로 나선다는 뜻이에요.

발바닥, 발등, 발목과 관련된 재미있는 표현도 있어요.

부리나케 돌아다닐 때 발바닥에 불이 난다라고 말하죠.

내가 남의 일을 그르치거나 해를 주면 발등 찍다, 남에게 예상치 못한 배신을 당하면 발등 찍혔다라고 해요. 어떤 일에서 벗어나지 못할 때는 발목 잡다, 발목 잡히다라고 해요.

'손'이 들어간 관용어

'손'은 주로 사람의 힘이나 노력, 일에 관련된 말에 쓰여요.

일의 처리 속도가 빠를 때 손이 빠르다, 손이 재다라고 말해요.

반대로 일처리가 느릴 때는 손이 뜨다라고 하죠.

일을 그만두거나 잠시 멈추는 것은 손을 놓다, 일을 아예 그만둘 때는 손을 떼다라고 말해요.

손은 씀씀이를 뜻하기도 해요.

손이 큰 사람은 씀씀이가 큰 사람, 손이 작은 사람은 씀씀이가 작은 사람이에요. 손이 크면 용돈이 금세 바닥날 것이고, 손이 너무 작으면 자린고비라는 말을 듣겠죠?

손이 나쁜 버릇이나 행동을 뜻하기도 하는데, 손을 씻다(털다)고 말하면 좋지 않은 일이나 찜찜한 관계를 끝낸다는 말이에요.

발을 빼다도 비슷한 의미죠.

■ **발등 찍다**
남의 일을 잘못되게 하거나 해를 주다

■ **발등 찍히다**
남에게 예상치 못한 배신을 당하다

■ **발목 잡다 = 발목 잡히다**
어떤 일에서 벗어나지 못하다

■ **손이 빠르다 = 손이 재다**
일 처리 속도가 빠르다

■ **손이 뜨다**
일처리가 느리다

■ **손을 놓다**
일을 그만두거나 잠시 멈추다

■ **손을 떼다**
일을 그만두다

■ **손이 큰 사람**
씀씀이가 크다

■ **손이 작은 사람**
씀씀이가 작다

■ **손을 씻다(털다)**
좋지 않은 일이나 찜찜한 관계를 끝내다

■ **발을 빼다**
어떤 일에서 관계를 끊고 물러나다

① [보기]와 같이 뜻은 비슷하지만 다르게 소리 나는 낱말을 쓰세요.

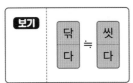

1)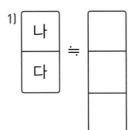

2)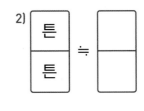

② 주어진 낱말을 넣어 비슷한 뜻의 문장을 완성하세요.

1) 화재 시에는 출구 쪽으로 빠르게 대피하세요.
≒ 화재 시에는 출구 쪽으로 ☐☐ 하게 대피하세요.

2) 어른이라면 자신의 감정을 지배할 줄 알아야 해요.
≒ 어른이라면 자신의 감정을 ☐☐☐ 줄 알아야 해요.

③ 문장에 어울리는 낱말을 골라 ○표 하세요.

1) 걸레로 방바닥을 (닦아 / 씻어) 주겠니?

2) 김치가 너무 매워서 물에 (닦아 / 씻어) 먹었어요.

④ 짝 지은 낱말의 관계가 [보기]와 다른 것을 고르세요. (   )

> **보기**   배우다 – 공부하다

① 빌리다 – 꾸다   ② 뛰어나다 – 우수하다

③ 싸우다 – 쌓다   ④ 다투다 – 투쟁하다

⑤ 청소하다 – 씻다

튼튼하다

건강하다

빌리다

꾸다

빠르다

신속하다

다스리다

지배하다

뛰어나다

우수하다

나다

생기다

배우다

공부하다

닦다

씻다

청소하다

다투다

투쟁하다

싸우다

손 이 발 이 되 도 록 빌 다

1 공통으로 들어갈 낱말을 쓰세요.

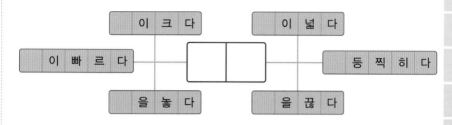

2 설명과 같은 상황에서 쓰는 관용어를 쓰세요.

1) 어떤 잘못을 용서해 달라고 간절히 빌 때

→ □□ □□ □□□ □□

2) 아는 사람이 많아 활동하는 범위가 넓을 때

→ □□ □□

3) 어떤 사정으로 몸을 움직일 수 없을 때

→ □□ □□□

3 문장에 어울리는 낱말을 골라 ○표 하세요.

1) 가온이는 (손이 빨라서 / 손이 떠서) 무엇이든지 빨리빨리 한다.

2) 지하철에는 사람들이 너무 많아서 (손 디딜 틈이 / 발 디딜 틈이) 없다.

3) 나경이는 평소에 손이 (커서 / 작아서) 용돈이 금세 바닥난다.

4 짝 지은 낱말의 관계가 [보기]와 다른 것을 고르세요. (   )

보기	발이 – 넓다

① 손이 – 크다   ② 손이 – 작다   ③ 손이 – 재다

④ 발목 – 잡다   ⑤ 손이 – 예쁘다

손이 발이
되도록 빌다

발이 넓다

발붙일
곳이 없다

발을 끊다

발을 디디다

발 디딜
틈이 없다

발이 묶이다

발 벗고 나서다

발바닥에
불이 나다

발등 찍다

발등 찍히다

발목 잡다(잡히다)

손이 빠르다(재다)

손이 뜨다

손을 놓다

손을 떼다

손이 큰 사람

손이 작은 사람

손을 씻다(털다)

발을 빼다

	1)	2)		7)		9)			
						10)		11)	
	3)			8)					
			6)						
4)		5)				12)		13)	
							14)		
		15)	16)		17)				

정답 | 142쪽

🔑 가로 열쇠

1) ○○ 과학 영화, ○○ 과학 만화
3) 어떤 일을 이루기 위해 힘을 씀
   "좀 더 ○○하면 해낼 수 있어."
4) 이메일을 한자어로 표현한 말
6) 이롭지 않은 것, 유리 ↔ ○○
8) 오래 버티며 견디는 힘, "마라톤 선수는 ○○○이 강해."
10) 오래 견디는 성질
   "이 제품은 ○○○이 뛰어나 잘 망가지지 않습니다."
12) 탁자 위에서만 일어나는 헛된 이론
14) 신을 모시는 장소, 그리스의 파르테논 ○○
15) 고용과 근로 업무를 담당하는 행정 기관

🔑 세로 열쇠

2) 있지 않은 일을 생각하는 힘
3) 일을 하는 사람
4) 전투를 할 수 있는 힘
5) "위 사람은 ○○한 성적으로 졸업하여 상장을 수여함."
6) 편하지 않다, 편리 ↔ ○○
7) 엉뚱한 사람이 애쓰지 않고 이익을 가로채는 것
9) 어려움을 참고 견디는 힘
11) 가톨릭교의 예배 장소, 명동 ○○
13) 공중에서 일어나는 전쟁
14) 결혼해서 아내가 된 여자
16) 물건이나 음식을 담는 그릇
17) 아이들이 부르는 노래

2장

반격이다!
반사신공을 받아라!

울트라망 광선 공격! 으윽.

또 당할 줄 알았나? 내 □□신공을 받아랏!

위 그림의 빈칸에 들어갈 말은 무엇일까요? (   )

① 통과   ② 흡수   ③ 반사   ④ 출발

정답은 ③번 반사예요. 반사(反射)란 빛이 다른 물체에 부딪혀 되돌아오는 걸 말해요. 이렇게 되돌아온 빛을 반사광이라고 해요. 빛을 반사시키는 대표적인 도구는 거울이에요. 반사광 덕분에 거울은 앞에 있는 물체를 비추어서 보여 줄 수 있어요. 이렇게 모습을 비추어서 되돌려 보여 주는 것은 반영(反映)이라고 하지요.

反 되돌릴 반

- **반사**(反 射쏠 사)
  빛이 다른 물체에 부딪혀 되돌아오는 것
- **반사광**(反射 光빛 광)
  반사된 빛
- **반영**(反 映비출 영)
  모습을 비추어서 되돌려 보여 줌

다음 빈칸에 가장 알맞은 말은 뭘까요? (   )
"이번 과제물은 성적에 □□되니까 열심히 하세요."

① 반사   ② 반영   ③ 반포

정답은 ②번 반영이에요. 거울에 내 모습이 나타나듯이, 성적에도 과제물을 잘했는지 못했는지 그 모습이 나타나는 거지요.
이렇게 반(反)은 '되돌리다'라는 뜻으로 쓰여요.

나의 미모가 잘 **반영**됐군.

공을 바닥이나 벽에 던지면 통 튕겨져 나오지요? 부딪힌 공이
방향을 바꿔 되돌아오기 때문이에요. 이걸 뭐라고 할까요?

( )

① 반대　　　　② 반성　　　　③ 반동

■ **반동**(反 動움직일 동)
물체가 방향을 되돌려 똑같은
힘으로 움직이는 것

■ **반동력**(反動 力힘 력)
반동할 때의 힘

■ **반응**(反 應응할 응)
생물에 힘을 가할 때 되돌아오는
응답이나 움직임

정답은 ③번 반동이에요. 어떤 물체가 방향을 되돌려 똑같은 힘
으로 움직이는 걸 반동(反動)이라고 해요.

얌체공을 가지고 놀아 본 적 있어요? 얌체공은 반동하는 힘이
워낙 좋아서, 튕겼을 때 다른 공보다 훨씬 높이 튀어요. 반동할
때의 힘은 반동력이라고 하지요.

그러면 물체만이 아니라 살아 있는 것도 힘을 가하면 반드시 움
직임이 되돌아올까요? 물론이지요. 만일 건드려도 반응
(反應)이 없으면 죽은 거라고 생각해도 돼요.

反 돌이킬 반

■ **반성**(反 省생각할 성)
잘못을 돌이켜 생각함

■ **반성문**(反省 文글 문)
반성해서 쓰는 글

선생님은 돈이에게 뭘 시키셨을까요?
빈칸에 들어갈 말은 뭘까요? ( )

① 반사　　　　② 반복　　　　③ 반성

정답은 ③번 반성이에요. 반성(反省)은 잘못을 돌이켜 생각해
보는 거예요. 반성해서 쓰는 글은 반성문이지요. 되돌아보는 거
니까 반(反)에는 '돌이키다'라는 뜻도 있어요.

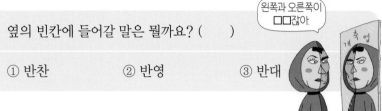

反 반대 반

- **반대**(反 對맞설 대)
모양이나 위치가 뒤바뀐 것 /
행동이나 의견이 서로 맞섬
- **상반**(相서로 상 反)
서로 반대됨
- **반론**(反 論말 론)
말로 반대함
- **반박**(反 駁따질 박)
반대하여 따짐
- **찬반**(贊찬성 찬 反)
찬성과 반대
- **반감**(反 感감정 감)
반대하는 감정
- **반전**(反 戰전쟁 전)
전쟁에 반대함
- **반항**(反 抗겨룰 항)
반대하여 대듦
- **반발**(反 撥튈 발)
튀듯이 반대함
- **반란**(反 亂어지러울 란)
반항하는 마음이 아주 커 나라를
어지럽힘

정답은 ③번 반대예요.

거울에 비친 것처럼 두 사물이 서로 모양이나 위치가 뒤바뀐 것을 반대(反對)라고 해요.

서로 반대된다고 할 때는 상반(相反)이라고 하지요.

이처럼 반(反)에는 '반대'라는 뜻이 있어요.

'반대'는 또한 행동이나 의견이 서로 맞서는 것을 뜻하기도 해요. 말로 반대하면 반론(反論)을 펴는 거지요. 비슷한 말로 '반박'이 있어요. 반대하여 따지고 드는 게 반박이에요.

'반대'와 관련된 말, 또 어떤 것들이 있는지 빈칸을 채워 볼까요?

찬성과 반대를 합쳐서 말할 때는 찬☐이고,

반대하는 감정은 ☐감,

전쟁에 반대하는 건 ☐전이라고 해요.

말로 반대하는 반론보다 더 강한 반대도 있어요. '반항'이에요.

반항(反抗)은 맞서서 대드는 거지요. 보통은 행동으로 반대하는 경우가 많아요.

그럼 용수철이 튀듯이 반대하는 태도를 뭐라고 할까요?

☐발이에요. 그리고 반항하는 마음이 아주 커 나라를 어지럽히는 건 반란(反亂)이라고 해요.

질문을 받은 피노키오가 돌하르방에게 대답은 않고, 도리어 물어보고 있지요? 이런 걸 반문(反問)이라고 해요.

여기서 반(反)은 '도리어',

'거꾸로'라는 말이에요.

反	도리어 반

- **반문**(反 問물을 문)
대답하지 않고 도리어 물음
- **반격**(反 擊공격 격)
공격을 당하다가 거꾸로 공격함
- **적반하장**(賊도둑 적 反 荷들 하 杖매 장)
도둑이 도리어 매를 듦, 잘못한 사람이 잘못 없는 사람을 도리어 나무람

> 그럼 공격을 당하다가 거꾸로 공격하는 것은 뭐라고 할까요?
>
> ( )
>
> ① 반란 ② 반격 ③ 총공격 ④ 후퇴

모두 맞혔나요? 정답은 ②번 반격이에요.

방귀 뀐 감자돌이가 아무 잘못 없는 당근을 도리어 나무라고 있지요?

이런 걸 적반하장이라고 해요. 글자 그대로 풀이하면, 도둑이 도리어 매를 든다는 말이에요. 잘못한 사람이 아무 잘못도 없는 사람을 도리어 나무란다는 뜻이지요.

우리 속담 '방귀 뀐 놈이 성낸다'와 비슷한 말이에요.

반사	반영	반동	반응	반성	반사광
반대	상반	반론	반전	반항	반성문

反
되돌릴 반

반사

반사광

반영

반동

반동력

반응

반성

반성문

반대

상반

① 주어진 한자를 따라 쓰세요.

```
        성                              상
   ┌─────┐                        ┌─────┐
        │         ┌───┐  ┌─────┐  ┌───┐    │
        ├─── 사  │ 反 │  │  찬 │    │
   ┌─────┴─────┐  └───┘  └─────┘  └───┴─────┐
   적   하   장      되돌릴 반          성   문
```

② 어떤 낱말에 대한 설명인지 쓰세요.

1) 빛이 다른 물체에 부딪혀 되돌아오는 것 ➡ ☐☐

2) 어떤 물체가 방향을 되돌려 똑같은 힘으로 움직이는 것 ➡ ☐☐

3) 반성해서 쓰는 글 ➡ ☐☐☐

4) 질문을 받고 대답하지 않고 도리어 물음 ➡ ☐☐

5) 반항하는 마음이 아주 커 나라를 어지럽히는 것 ➡ ☐☐

③ 알맞은 낱말을 찾아 문장을 완성하세요.

1) 듣고 있자니 기가 막히네. 이럴 때를 ☐☐☐☐이라 하는 거야.

2) 전쟁에서 지고 있던 아군이 ☐☐을 했대.

3) 청소년은 가끔 이유 없는 ☐☐을 하지요.

4) 걔가 너무 예쁜 척을 하니 ☐☐이 생기더라.

4 문장에 어울리는 낱말을 골라 ○표 하세요.

1) 남의 의견에 (반란 / 반론)을 펴려면 근거가 뚜렷해야 해.

2) 방학 기간을 줄이자는 의견에 학생들이 (반발 / 반성)했어요.

3) 장군님, 적들의 (반동 / 반격)이 시작된 듯합니다.

4) 내가 먼저 물어봤는데, 왜 네가 (반동 / 반문)을 하니?

5 그림을 보고, [보기]에서 알맞은 낱말을 찾아 쓰세요.

| 보기 | 반사 | 반추 | 반복 | 반동 |

1)
☐☐

2)
/ 왔다 갔다 /
☐☐

3)
☐☐

4)
☐☐

6 설명을 읽고, 알맞은 낱말을 연결하세요.

1) 물음에 답하지 않고 도리어 묻는 것 •   • 찬반

2) 자신의 잘못을 돌이켜 생각해 보는 것 •   • 반전

3) 찬성과 반대를 합쳐서 이르는 말 •   • 반문

4) 전쟁에 반대하는 것 •   • 반성

반론

반박

찬반

반감

반전

반항

반발

반란

반문

반격

적반하장

씨글자 기본어휘

헛공부가 되지 않게, 헛배우지 않게!

위 그림의 빈칸에 들어갈 말은 뭘까요? (   )

① 통고생   ② 헛고생   ③ 힘고생   ④ 새고생

정답은 ②번 헛고생. 헛고생이란 고생한 게 모두 쓸모없었다는 말이에요. 공들여 한 일이 모두 괜한 짓이 된다면 무지무지 힘 빠지는 일이겠지요? 비슷한 말이 헛수고예요. 이렇게 헛은 '쓸 데없는', '보람 없는'이라는 뜻을 가지고 있어요.
방학 내내 한 일이 아무것도 없으면 방학을 헛되이 보낸 거예요. 방학식 날 세웠던 계획이 모두 헛된 계획이 되어 버린 거지요.

에그그, 옆 그림에서 할머니가 시골에서 올라오신 게 □□□ 이 되었네요. 빈칸에 들어갈 말은 뭘까요? (   )

① 헛걸음   ② 통걸음   ③ 날걸음

정답은 ①번 헛걸음이에요. 기대에 부풀어 열심히 왔지만 아무 보람이 없을 때 '헛걸음했다'라고 해요.

헛-

쓸데없는 / 보람 없는

■ **헛고생**
쓸데없이 고생함

■ **헛수고**
애쓴 보람이 없음

■ **헛되다**
보람 없다

■ **헛되이**
보람 없이

■ **헛걸음**
헛수고만 하고 가거나 옴

80

그럼 다음 빈칸을 채워 볼까요?

아무 쓸모없이 한 공부는 ☐공부,

배운 걸 제대로 써먹지 못하면 ☐배우다,

보람도 없는 일에 기운만 쓰는 건 ☐기운,

또 열심히 농사를 지었는데 거두어들일 것이 없는 건 ☐농사라고 해요.

고물차에 그동안 들어간 수리비가 무척 아까운가 봐요. 돈 쓴 보람이 없기 때문이겠지요? 이럴 때 헛돈 썼다고

하지요. 이렇게 보람을 얻지 못하고 쓸데없이 노력했다면 ☐일 한 거지요. 애쓴 보람도 없이 헛일만 하고 다니는 걸 헛물켜다 라고도 해요.

하늘이 무너질까 봐 걱정이라고요? 하하하, 멀쩡한 하늘이 왜 무너지겠어요? 이런 쓸데없는 걱정을 ☐걱정이 라고 해요. 세상엔 헛걱정하는 사람만 있는 건 아니에요.

허황된 일을 기대하고, 미리부터 괜히 마음이 들뜨는 사람도 있어요. 이런 걸 ☐바람 들었다 고 해요.

그러니까 헛하다라는 말도 좋은 뜻은 아니겠지요?

맞아요, '소용없는 걸 하다', '괜한 걸 하다'라는 뜻이에요. 장사를 헛하면 돈을 못 벌고, 공부를 헛하면 배운 걸 제대로 써먹지 못하겠지요?

이렇게 살다 보면 나중에 나이가 많이 들어서 ☐살았다는 기분이 들겠죠? 그러니 '헛'이 들어가는 일들은 많이 하면 안 돼요.

■ 헛공부
쓸모없이 공부함
■ 헛배우다
배운 걸 써먹지 못하다
■ 헛기운
괜히 기운만 씀
■ 헛농사
거둬들이는 것이 별로 없는 농사
■ 헛돈
헛되게 쓰는 돈
■ 헛일
쓸데없이 한 노력
■ 헛물켜다
애쓴 보람이 없다
■ 헛걱정
쓸데없는 걱정
■ 헛바람
쓸데없는 일에 마음이 들뜨는 것
■ 헛하다
한 보람이 없다
■ 헛살다
살아온 보람이 없다

방망이를 휘둘렀지만 공을 건드리지도 못했네요. 빈칸에 들어갈 말은 '헛'이에요. 헛스윙은 '잘못한' 스윙을 말해요.
축구 선수가 공을 힘껏 찼는데 공을 건드리지도 못하면 그건 □발질이지요. 헛발질한 선수가 얼른 다시 공을 쫓으려다 발을 잘못 디디고 넘어졌어요. 이건 □디딘 거예요.
이렇게 헛은 '잘못한'이라는 뜻으로도 쓰여요.

앗, 타자 □스윙. 삼진!

스트라익~

헛- 잘못한

헛스윙
잘못한 스윙

헛발질
잘못한 발길질

헛디디다
발을 잘못 디디다

에헴~ 에헴. 이리 오라.

감기?

오른쪽의 영감님은 감기 든 게 아니에요. 자기를 알리려고 일부러 그런 소리를 내는 거예요. 이런 걸 헛기침이라고 해요. 이때 헛은 '가짜', '엉터리'라는 뜻이에요. 진짜로 기침이 나는 게 아니라, 일부러 만들어 내는 가짜 기침인 거지요.
기침만 일부러 하나요? 일부러 지어낼 수 있는 것은 아주 많아요.
웃기지도 않는데 억지로 내는 웃음은 □웃음,
근거 없이 만들어 낸 엉터리 소문은 □소문,
실속 없고 못 믿을 엉터리 같은 말은 □소리,
방귀는 방귀인데 소리나 냄새가 안 나는 방귀는 □방귀,
음식을 먹지도 않았는데 배가 부른 건 헛배,
토하지도 않으면서 구역질만 하면 □구역질이에요.

헛- 가짜, 엉터리의

헛기침
일부러 하는 가짜 기침

헛웃음
마음에 없는 가짜 웃음

헛소문
엉터리 소문

헛소리
엉터리 같은 말

헛방귀
소리나 냄새가 안 나는 방귀

헛배
안 먹고도 부른 배

헛구역질
토하는 것 없이 구역질만 함

자, 그럼 아까 나온 '헛일'을 한자어로는 뭐라고 할까요? (   )

① 의사   ② 허사   ③ 공사

네, 맞아요. 허사(虛事)예요.
이때 허는 '헛되다'라는 뜻이에요.
일없이 시간만 보내면 베짱이처럼 돼
요. 베짱이는 허송세월을 한 거예요.
하지만 겨울을 착실하게 준비한 개미
는 헛일한 게 아니었어요. 베짱이는
여름에 돈을 헛되게 썼어요. 헛돈 쓰는
건 허비(虛費)라고 해요. 베짱이는
남들한테 보이는 겉모습을 중요하게
여겼거든요. 이런 걸 허영(虛榮)이라고
해요. 자기 처지를 생각 않고 남한테 보이
기 위해 거짓된 영광을 좇은 거지요. 이렇
게 허(虛)에는 '거짓', '겉치레'라는 뜻이 있어요.
가짜로 힘이 센 척하는 것을 허세(虛勢)를 부린다고 해요.
허세가 심한 사람은 허풍도 심해요. 허풍을 잘 떠는 사람을 □
□선이, □□쟁이라고 해요. 허영, 허세, 허풍은 모두 자기
를 허위로 보여 주는 거예요. 거짓을 다른 말로 허위라고 해요.

> 만날 하는
> 일 없이 세월만
> 보내더니.

> 밥 좀 주이소.

> 이탈리아제
> 피에르 고르댕이야
> 자세 나오냐?

> 6개월 전

虛 헛될 허

- **허사**(虛 事일 사)
  헛일
- **허송세월**(虛 送보낼 송
  歲해 세 月달 월)
  세월을 헛되게 보냄
- **허비**(虛 費쓸 비)
  헛되이 씀

虛 거짓 허

- **허영**(虛 榮영광 영)
  남에게 보이기 위해 거짓된 영광
  을 좇음
- **허세**(虛 勢힘 세)
  거짓된 힘
- **허풍**(虛 風바람 풍)
  부풀려서 거짓된 바람을 일으킴
  / 과장된 말과 행동
- **허풍선**(虛 風 扇부채 선)**이**
  허풍을 일으키는 부채 / 허풍을
  잘 떠는 사람 = **허풍쟁이**
- **허위**(虛 威거짓 위)
  거짓

헛고생   헛걸음   헛스윙   헛웃음   헛일

헛수고   헛공부   헛기침   헛소문   허세

헛

헛고생

헛수고

헛되다

헛되이

헛걸음

헛공부

헛배우다

헛기운

헛농사

헛돈

헛일

헛물켜다

헛걱정

헛바람

헛하다

헛살다

헛스윙

1 공통으로 들어갈 낱말을 쓰세요.

배
걸 음
공 부
[   ]
고 생
일
돈

2 어떤 낱말에 대한 설명인지 쓰세요.

1) 쓸데없이 고생함 ➡ [ ][ ][ ]

2) 애쓴 보람도 없이 헛일만 하고 다니는 것 ➡ [ ][ ]켜다

3) 헛수고만 하고 가거나 옴 ➡ [ ][ ][ ]

4) 일없이 세월만 헛되게 보냄 ➡ [ ][ ][ ][ ]

5) 남에게 보이기 위해 거짓된 영광을 쫓음 ➡ [ ][ ]

3 알맞은 낱말을 찾아 문장을 완성하세요.

1) 공들여 한 일이 모두 쓸모없는 수고가 되는 것은 [ ][ ][ ]야.

2) 개미가 열심히 일하는 동안, 베짱이는 여름 내내 노래만 부르면서
[ ][ ][ ][ ] 했어.

3) 축구를 하는데 [ ][ ][ ]을 많이 해서 결국 졌어.

4) 걔들 둘이 사귄다는 건 다 [ ][ ][ ]이었다니까.

4 **문장에 어울리는 낱말을 골라 ○표 하세요.**

1) 루돌프는 이야기를 다 듣고 나자 기가 막혀서 (헛기침 / 헛웃음)을 지었어.

2) 먹은 것도 없는데 자꾸 (헛배 / 헛물)만 불러요.

3) 그냥 들어가기 뭐해서 대문 앞에서 (헛기침 / 헛구역질)을 두 번 했다네.

헛발질
헛디디다
헛기침
헛웃음
헛소문
헛소리
헛방귀
헛배
헛구역질
허사
허송세월
허비
허영
허세
허풍
허풍선이
허위

5 **그림을 보고, 알맞은 낱말을 쓰세요.**

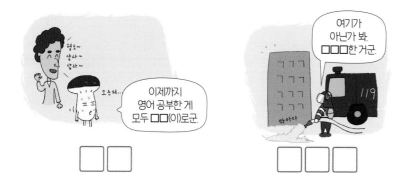

6 **그림을 보고, 알맞은 낱말을 연결하세요.**

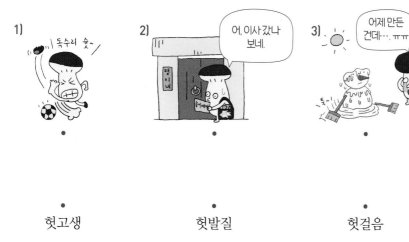

1) · 헛고생

2) · 헛발질

3) · 헛걸음

작년, 재작년, 재재작년

再
두 재

캑캑… 나 강아지 아닌데.

아이고, 우리 강아지, **재작년**에 봤을 때는 꼬맹이였는데, □년 만에 이렇게 큰 겨?

재작년이면 몇 년 전일까요? 위 그림의 빈칸에 들어갈 숫자는 뭘까요? (   )

① 1   ② 2   ③ 3   ④ 4

再 두 재

▶ **재작년**
(再 昨지날 작 年해 년)
2년 전

▶ **재재작년**(再再昨年)
3년 전

▶ **재시험**
(再 試시험 시 驗시험 험)
두 번째 보는 시험

네, 정답은 ②번. 작년은 지난해예요. 지난해에서 또 1년 전은 지지난해지요. 지지난해를 재작년(再昨年)이라고 해요. 그러니까 올해로부터 2년 전이지요. 이렇게 재(再)는 '다시 한번 더', 즉 '더하기 1'이라는 뜻이 있어요.

그럼 '재재작년'은 몇 년 전일까요? 어이쿠 머리야! 좀 헷갈리지요? '작년'은 1년 전, '재작년'은 1년 전 더하기 1이니까 2년 전, 재재작년은 2년 전 더하기 1이니까 3년 전이에요.

첫 번째 운전 면허 시험에서 떨어진 이모는 또 시험을 봐야 해요. 두 번째 보는 시험은 뭘까요? (   )

① 재국어   ② 재주꾼   ③ 재시험   ④ 재떨이

떨어지셨습니다. 내리세요.

아악, 시험 또 봐야 해!

운전면허시험장

하하, 너무 쉽지요? 정답은 ③번 재시험이에요.

재시험을 보기 위해서 이모는 재수를 해야 해요. 재수(再修)는 첫 번째 시험에 떨어진 뒤, 배웠던 과정을 한번 더 공부하는 거지요. '수(修)'가 '갈고 닦는다'라는 말이거든요. 그럼 재수를 하는 학생은 무엇이라고 부를까요? 재수생이지요.

이제 다음 빈칸을 채워 볼까요?

한 번 했던 수술이 잘 안 돼서 한 번 더 하는 건 ▢수술,

한 번 했던 방송을 한 번 더 해 주는 건 ▢방송,

한 번 끓여 먹은 한약재를 한 번 더 끓여 먹는 것은 ▢탕이에요.

한 번 했던 말이나 행동을 다시 할 때에도 '재탕'이라고 해요.

> 세배를 두 번 했다고 세뱃돈도 두 배로? 그건 아니지요.
> 이렇게 두 번 절하는 것을 뭐라고 할까요? (   )
>
> ① 재배   ② 재산   ③ 재미   ④ 목재

맞아요. ①번 재배예요.

재배는 돌아가신 분에게 제사 지낼 때 하는 절이라고요! 살아 계신 어른께는 두 번 절하면 절대로 안 돼요!

이렇게 얘기했는데도 또 두 번 절하고 세뱃돈을 달라고 하면 재차(再次) 말해 주어야 해요. 두 번 말해 준다는 거지요.

그런데 어떤 애들은 말해도 안 듣는 일이 비일비재해요. 한두 번이 아니라는 말이지요.

▪ **재수**(再 修닦을 수)
시험에 떨어져 공부했던 과정을 한 번 더 공부하는 것

▪ **재수생**(再修 生학생 생)
재수하는 학생

▪ **재수술**(再 手손 수 術재주 술)
수술을 한번 더 함

▪ **재방송**
(再 放놓을 방 送보낼 송)
했던 방송을 한번 더 함

▪ **재탕**(再 湯끓일 탕)
한번 끓여 먹은 한약재를 두 번째 끓임, 한 번 했던 말이나 행동을 다시 함

▪ **재배**(再 拜절 배)
두 번 하는 절

▪ **재차**(再 次차 차)
두 번째

▪ **비일비재**
(非아닐 비 一한 일 非再)
한두 번이 아님, 많음

🔔 **재선**

재선(再 選뽑힐 선)은 선거에서 처음 뽑혔던 사람이 다음 선거에서 또 뽑히는 걸 말해요. 국회 의원에 두 번 당선되면 재선 의원이라고 불러요.

아빠 무서워.

하하, 가짜야. 공룡을 □□한 거야.

우아, 진짜 공룡 같네요! 그림의 빈칸에 들어갈 말은 뭘까요?

( )

① 재미 　　② 영화 　　③ 그림 　　④ 재현

再	**다시 재**

- **재현**(再 現나타날 현)
  다시 나타나게 함
- **재연**(再 演연기할 연)
  연기로 다시 보여 줌
- **재발**(再 發일어날 발)
  다시 일어남
- **재건**(再 建세울 건)
  다시 일으켜 세움
- **재회**(再 會만날 회)
  다시 만남
- **재기**(再 起일어날 기)
  다시 일어남
- **재기 불능**
  (再起 不아니 불 能능력 능)
  다시 일어날 능력이 없음
- **재활**(再 活살릴 활)
  다시 씀, 다시 활동함
- **재도전**
  (再 挑걸 도 戰싸움 전)
  다시 싸움을 거는 것
- **재대결**
  (再 對맞설 대 決정할 결)
  다시 대결하는 것

정답은 ④번 재현(再現)이에요. 전에 있었던 것을 다시 한번 나타나게 하는 것이 재현이지요. 재현과 헷갈리는 말이 있지요? 네, 재연(再演)이지요. 재연은 한 번 했던 행동이나 일을 연기로 다시 보여 주는 거예요. 이처럼 재(再)에는 '다시'란 뜻도 있어요. 자, 다음 빈칸에 들어갈 말은 뭘까요?

한 번 일어났던 일이 다시 일어난 것은 □발, 무너진 것을 다시 일으켜 세우는 것은 □건, 한 번 헤어졌다가 다시 만나는 것은 □회, 쓰러졌다가 다시 일어서는 것은 □기예요.

재기(再起)는 실패했다가 다시 노력하는 사람에게 잘 쓰는 말이에요. 그런데 쓰러졌다가 다시 일어설 능력이 없으면 뭐라고 하지요? 네, 재기 불능이라고 해요.

재기와 통하는 말로 재활(再活)이 있어요. 이 말을 물건에 쓰면, 한 번 쓴 물건을 되살려 쓴다는 거예요. 이 말을 사람에게 쓰면, 장애를 이겨 내고 다시 활동한다는 뜻이 되지요.

싸움에서 한 번 진 적이 있는 애가 다시 도전을 해 왔어요. 이렇게 다시 도전하는 것을 뭐라고 하지요? ( )

① 재결합 　　② 보답 　　③ 재훈련 　　④ 재도전

네. 정답은 ④번 재도전이에요. 재도전을 받으면 재대결을 하게 돼요. 다시 대결하는 거지요. 빈칸을 채워 보세요.

조사한 걸 다시 조사하면 ☐조사,

확인한 걸 다시 확인하면 ☐확인이에요.

자, 여러분의 자리를 ☐☐☐하겠어요. 원하는 짝이 있나요?

선생님이요!

> 오른쪽 그림의 빈칸에 들어갈 말은 뭘까요? (　　　)
>
> ① 재봉틀　② 재밌어　③ 재배치　④ 재수술

③번 재배치(再配置)예요. 사람이나 물건을 알맞은 자리에 나누어 놓는 걸 '배치'라고 하고, 다시 배치하면 재배치라고 하는 거예요. 재배치와 비슷한 말은 재편성이에요. 편성은 엮어 만드는 걸 말해요.

한 번 구성했던 것을 다시 새롭게 구성하는 것은 재구성이라고 해요. 옛날이야기를 영화로 만드는 게 바로 재구성이지요.

집이나 빌딩 같은 건물을 바꾸려면 허물고 새로 지어야지요. 이게 재건축이에요.

재건축은 재개발 방법 가운데 하나예요. 재개발은 낡은 동네를 더 멋지게 만들기 위해 그 동네를 헐어 내고 새로 동네를 꾸미는 거지요.

재건축하는 거예요.

뭐 하는 거야?

■ 재조사
(再 調조사할 조 査조사할 사)
다시 조사함

■ 재확인
(再 確확실할 확 認인정할 인)
다시 확인함

■ 재배치
(再 配나눌 배 置놓을 치)
다시 자리를 정함

■ 재편성
(再 編엮을 편 成만들 성)
다시 엮어 만듦

■ 재구성
(再 構짤 구 成이룰 성)
다시 새롭게 구성함

■ 재건축
(再 建건물 건 築세울 축)
건물을 다시 세움

■ 재개발
(再 開개척할 개 發발전 발)
낡은 지역을 헐어 내고 새로 꾸밈

| 재 작 년 | 재 수 술 | 재 조 사 | 재 편 성 | 재 배 |
| 재 시 험 | 재 도 전 | 재 확 인 | 재 건 축 | 재 활 |

再
누 재

재작년

재재작년

재시험

재수

재수생

재수술

재방송

재탕

재배

재차

비일비재

재선

재현

재연

재발

① 주어진 한자를 따라 쓰세요.

```
      도  전                          발
        |                            |
      수 ─ 再 ─ 회
        |          재              |
      차          두번 재        비 일 비
```

② 어떤 낱말에 대한 설명인지 쓰세요.

1) 시험에 떨어져 공부했던 과정을 한 번 더 공부하는 것 ➡ ☐☐

2) 재수하는 학생 ➡ ☐☐☐

3) 싸움에서 한 번 지고 다시 도전하는 것 ➡ ☐☐☐

4) 수술을 한 번 더함 ➡ ☐☐☐

5) 한 번 구성했던 것을 다시 새롭게 구성하는 것 ➡ ☐☐☐

③ 알맞은 낱말을 찾아 문장을 완성하세요.

1) 우리 오빠는 작년에 대학 입시 떨어져서 ☐☐ 하고 있어.

2) 게임 좀 그만하라고 ☐☐ 말했는데도 안 들네.

3) 저 집은 너무 오래돼서 허물고 새로 지어 ☐☐☐ 을 해야 해.

4) 저 만화는 옛날이야기를 ☐☐☐ 해서 새롭게 만들었어.

4 문장에 어울리는 낱말을 골라 ○표 하세요.

1) 축구 선수 이재기가 크게 다쳤대. (재기 / 재건)할 수 없을지도 몰라.

2) 요새 이런 일이 너무 (비일비재 / 비일비이)하지.

3) 빈 상자로 학용품 정리함을 만들어 (재수술 / 재활용)했어.

5 맞는 문장은 ○표, 틀린 문장은 ×표 하세요.

1) 다시 도전하는 것을 재도전이라고 한다. ( )

2) 다시 조사하는 것은 재개발이라고 한다. ( )

3) 낡은 건물을 허물고 새 건물을 짓는 것은 재건축이라고 한다. ( )

4) 어떤 동화를 영화로 새롭게 구성하는 것은 재영화이다. ( )

6 설명을 읽고, 알맞은 낱말을 연결하세요.

1) 한 번 일어났던 일이 다시 일어남. •   • 재기

2) 한 번 헤어졌다가 다시 만남. •   • 재건

3) 무너진 것을 다시 일으켜 세움. •   • 재발

4) 힘든 시기를 이겨 내고 다시 일어남.•   • 재회

재건

재회

재기

재기 불능

재활

재도전

재대결

재조사

재확인

재배치

재편성

재구성

재건축

재개발

먹는 것만 보면 活력이 넘친다니까

活 살 활

> 아들, 피자 먹어라.

> 이양호~ 아빠 최고!

> 좀 전까지 아프다던 거 꾀병이군…

위 그림을 보세요. 저렇게 힘이 넘치는 것을 뭐라고 할까요?
( )

① 눈물 많다 ② 까다롭다 ③ 활력 있다 ④ 성질 있다

네, ③번 '활력 있다'예요. 활력(活力)은 '살아 움직이는 힘'이라는 뜻이에요. 여기서 활(活)은 '살아 움직이다'라는 뜻으로 쓰여요. 숨을 최대한 빨아들였다가 내뱉는 양을 폐활량(肺活量)이라고 해요. 폐가 움직여서 빨아들일 수 있는 공기의 양을 뜻하지요. 폐활량이 크면 산소를 많이 받아들일 수 있어요. 그래서 심한 운동을 해도 잘 지치지 않아요. 활(活)은 또 '기운차다'라는 뜻으로 쓰여요. 활발(活潑)은 기운차고 힘이 뻗친다는 말이에요.

> 헥헥… 폐활량이 부족해서 세계 챔피언은 관둬야겠다.

> 신기록이다. 시작한 지 3분 만에 관뒀어.

배 속의 아기가 기운차게 움직이면 '활발하다'라고 하지요. 서로 간에 자주 많은 것을 주고받으면 교류가 활발하다고 해요.

活 살 활

■ 활력(活 力힘 력)
살아 움직이는 힘

■ 폐활량
(肺허파 폐 活 量분량 량)
폐가 움직여서 빨아들일 수 있는 공기의 양

活 기운찰 활

■ 활발(活 潑튈 발)
기운차고 힘이 뻗침

올림픽에서는 국가 대표 선수들이 멋진 활약을 펼쳐요. 활약(活躍)은 기운차게 뛰어다닌다는 말이에요. 눈부시게 뛰어난 활약이면, 맹활약이라고 해요. 임진왜란 때는 거북선이 '맹활약'을 했잖아요.

생물이 기운차게 움직이는 것을 활동(活動)이라고 해요.

□□ 치료는 신체에 장애를 입은 사람이 다시 움직일 수 있게 치료하는 것이에요.

□□ 훈련은 재활 치료와 함께 또는 치료를 받은 뒤, 특정한 활동을 할 수 있도록 가르치고 연습시키는 것이지요.

위의 빈칸에 공통으로 들어갈 수 있는 말은 무엇일까요? (   )

① 쾌활   ② 활기   ③ 재활   ④ 활성

네, 정답은 ③번이죠. 재활(再活)은 '다시 활동하다'라는 뜻이에요. 활(活)은 또 '활발하다'라는 뜻으로 쓰여요. 쾌활은 씩씩하고 활발하다는 뜻이에요. 앞에서 배운 '활발'과 비슷한 말이죠. 활기(活氣)는 활발한 기운을 뜻해요. '활기 넘치다', '활기차다'와 같이 쓰여요.

활성(活性)은 활발한 성질이에요. 활성화는 활발하게 되는 것, 또는 그렇게 만드는 것을 말해요.

다음 빈칸을 채우면서 '활성화'라는 말의 쓰임새를 익혀 봐요.
어린이 도서관을 어떻게 □□□시켜야 할까요?
우리 지역 경제를 살리기 위한 지역 경제 □□□ 방안이 있나요?

■ **활약**(活 躍뛸 약)
기운차게 뛰어다님
■ **맹활약**(猛사나울 맹 活躍)
눈부시게 뛰어난 활약
■ **활동**(活 動움직일 동)
기운차게 움직임
■ **재활**(再다시 재 活)
다시 활동함
■ **재활 치료**
(再活 治다스릴 치 療병고칠 료)
장애 입은 사람이 다시 움직일 수 있게 하는
■ **재활 훈련**
(再活 訓가르칠 훈 練연습할 연)
재활 치료와 함께 또는 치료를 받은 뒤, 특정한 활동을 할 수 있도록 가르치고 연습시키는 것

活 활발할 활

■ **쾌활**(快즐거울 쾌 活)
씩씩하고 활발함
■ **활기**(活 氣기운 기)
활발한 기운
■ **활성**(活 性성질 성)
활발한 성질
■ **활성화**(活性 化될 화)
활발하게 되는 것, 또는 그렇게 만드는 것

외삼촌이다.
떠돌이 □□ 그만하고
이제 같이 살기로
했다.

외삼촌이 떠돌이 □□을 그만둔다고요? 빈칸에 들어갈 말은
뭘까요? (   )

① 생각   ② 생활   ③ 활약   ④ 자활

活	살아갈 활

■ **생활**(生살 생 活)
살아가고 활동함

■ **일상생활**
(日 날 일 常항상 상 生活)
날마다 항상 하는 생활

■ **사생활**(私개인 사 生活)
개인의 일상생활

■ **실생활**(實실제 실 生活)
실제 생활

■ **생활화**(生活 化될 화)
생활이 됨

■ **생활권**(生活 圈범위 권)
일상생활을 하는 범위

■ **일일생활권**
(一한 일 日날 일 生活圈)
하루 안에 볼일을 끝내고 돌아
올 수 있는 거리에 있는 범위

■ **자활**(自스스로 자 活)
스스로의 힘으로 살아감

정답은 ②번이죠. 생활(生活)은 살아가고 활동하는 거예요.
날마다 항상 하는 생활은 일상생활, 개인의 일상생활은 사생활,
이야기 속이 아닌 실제 생활은 실생활이지요. '발명품을 실생활
에 이용한다'라고 하면 발명품을 우리가 사는 실제의 생활에 이
용한다는 말이에요.
그럼 '발명의 생활화'는요? 발명이 실생활에서 생활 습관처럼 된
다는 거죠. 생활화(生活化)는 생활이 되게 한다는 말이에요.
우리는 일정한 범위 안에서 일상생활을 해요. 그것을 생활권(生
活圈)이라고 하지요. 생활권은 '행정 구역'과 다를 수 있어요.
서울에서 경기도로 학교를 다니는 사람들도 있으니까요.

특히 하루 동안에 볼일을 끝내고 돌아올 수 있는 거리에 있는
곳은 무엇이라고 말할까요? (   )

① 일일생활권   ② 수도권   ③ 광역시   ④ 뉴타운

혹시 ②번이라고 한 건 아니죠? 정답은 ①번 일일생활권입니
다. 지금은 교통의 발달로 전국이 '일일생활권'이 되었답니다.
그러면 혼자 힘으로 생활하는 것은 뭐라고 할까요?
네, 자활(自活)입니다. 자기 스스로의 힘으로 살아간다는 뜻이
지요. 이렇게 활(活)은 '살아가다'라는 뜻이 있습니다.

🔔 **생활고**
생활고(生活 苦괴로울 고)란 생
활에서 겪는 어려움을 말하는
데, 특히 경제적인 어려움을 말
해요.
우리나라에서는 혼자 사는 노
인들의 '생활고'가 심각한 사회
문제가 되고 있어요.

94

활빈당(活貧黨)은 '가난한 사람을 살리는 사람들'이라는 뜻이에요. 옛날, 부자의 재물을 뺏어 가난한 사람들을 도와주었던 의로운 도적 집단의 이름이지요. 활빈당은 가난한 사람들

에게 '활로'를 열어 주기도 했어요. 활로는 살아갈 길, 방법을 말해요. 여기서 활(活)은 '살다', 또는 '살리다'라는 뜻이에요.

> 양반들의 횡포에 다 죽어 가던 백성들이 활빈당 덕분에 다시 살아나기도 했어요. '다시 살아나는 것'을 뭐라고 할까요? (   )
>
> ① 활어   ② 사활   ③ 부활   ④ 활용

정답은 ③번이에요. 부활은 원래 죽었다가 다시 살아난다는 말이지요. 약해지거나 없어졌던 것이 원래대로 돌아와도 '부활'이라고 해요.

사활(死活)은 원래 '죽느냐 사느냐'라는 뜻이에요. 그러니까 '아주 중요한 문제'를 뜻하겠지요? 활용은 쓰임새를 잘 살려서 쓴다는 말이에요. '활자'는 금속의 윗면에 글자나 기호 모양이 튀어나오게 새긴 것이에요. 이것으로 도장을 찍듯이 글자를 찍어 책을 만들 수 있지요. 활자를 한 번 만들면 계속해서 사용할 수 있어요. 매번 살려서 쓴다 하여 활자(活字)라고 하는 거예요.

活 살릴 활

활빈당
(活 貧가난할 빈 黨무리 당)
가난한 사람을 살리는 사람들이라는 뜻의 의로운 도적 집단

활로(活 路길 로)
살아갈 길

부활(復다시 부 活)
다시 살아남, 원래대로 돌아옴

사활(死죽을 사 活)
죽느냐 사느냐 하는 아주 중요한 문제

활용(活 用쓸 용)
쓰임새를 잘 살려서 씀

활자(活 字글자 자)
금속 윗면에 글자나 기호 모양이 튀어나오게 새긴 것, 여러 번 살려서 쓸 수 있는 글자

🔔**활어**
횟집에 가면 '활어'를 팔죠? 활어(活 漁물고기 어)는 살아 있는 물고기를 말해요.

활력 활발 활약 활동 활기 활용
활성 활자 부활 폐활량 일상생활

활력

폐활량

활발

활약

맹활약

활동

재활

재활 치료

재활 훈련

쾌활

활기

활성

활성화

생활

① 주어진 한자를 따라 쓰세요.

```
      약                              쾌
          력    活    재
      성         살 활               부
```

② 어떤 낱말에 대한 설명인지 쓰세요.

1) 눈부시게 뛰어난 활약 ➡ ☐☐☐

2) 장애 입은 사람이 다시 움직일 수 있게 함 ➡ ☐☐

3) 활발한 기운 ➡ ☐☐

4) 스스로의 힘으로 살아감 ➡ ☐☐

5) 죽거나 약해졌다가 다시 살아남 ➡ ☐☐

③ 알맞은 낱말을 찾아 문장을 완성하세요.

1) 나은이는 성격이 아주 ☐☐ 해.

2) 미선이는 그 모임에서 활발하게 ☐☐ 을 해.

3) 푹푹 찌는 여름인데도 ☐☐ 가 넘치는구나.

4) 임진왜란 때 이순신 장군의 ☐☐ 은 대단했어.

4 문장에 어울리는 낱말을 골라 ○표 하세요.

1) 운동선수들은 일반인보다 (숨활량 / 폐활량)이 커.

2) 어린이 도서관이 더욱 (활동화 / 활성화)되면 좋겠어요.

3) 교통의 발달로 전국은 일일(상품권 / 생활권)이 되었어요.

4) 김수진 선수는 꾸준한 (부활 / 재활) 치료와 훈련으로 재기에 성공했습니다.

5 밑줄 친 낱말을 바르게 고치세요.

1) 재활은 스스로 살아가는 것을 말하지. ( )

2) 어활은 살아 있는 물고기를 말한단다. ( )

3) 활글은 여러 번 살려 쓸 수 있는 글자를 말하지. ( )

4) 활약은 다시 살아나는 것을 말해. ( )

6 사다리를 타고 내려가 낱말과 낱말의 뜻이 잘못 연결된 것을 고르세요.

( )

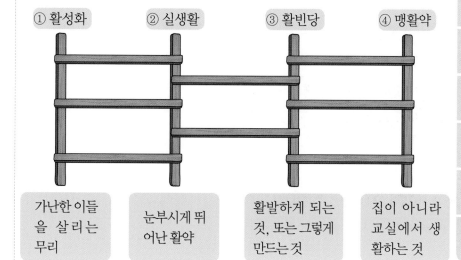

① 활성화 ② 실생활 ③ 활빈당 ④ 맹활약

| 가난한 이들을 살리는 무리 | 눈부시게 뛰어난 활약 | 활발하게 되는 것, 또는 그렇게 만드는 것 | 집이 아니라 교실에서 생활하는 것 |

일상생활

사생활

실생활

생활화

생활권

일일생활권

자활

생활고

활빈당

활로

부활

사활

활용

활자

활어

다 표시 나거든

나중에 알 수 있도록 겉에 무언가를 쓰고 있죠? 그림의 빈칸에 들어갈 낱말은 무엇일까요? (　　　)

① 무시　　　　　② 예시　　　　　③ 표시

表 겉 표

■ **표시**(表 示보일 시)
겉으로 드러내 보임

■ **표면**(表 面면 면)
겉에 드러난 면

■ **표지**(表 紙종이 지)
책의 맨 앞뒤의 겉장

■ **표제**(表 題제목 제)
표지에 쓴 제목

■ **표피**(表 皮가죽 피)
동물이나 식물의 겉가죽이나 겉껍질

정답은 ③번 표시(表示)예요. 겉으로 드러내 보인다는 뜻이에요. 표(表)는 '겉'을 뜻해요. 표면(表面)은 물체의 가장 바깥 부분이나 겉으로 드러나는 부분을 뜻하지요.

책의 맨 앞뒤의 겉장을 이르는 말은 표지예요. 겉에 있는 종이란 뜻이지요.

그리고 책의 겉에 쓰는 그 책의 제목은 표제(表題)라고 해요. 연설, 신문, 잡지 등의 제목에도 표제라는 말을 써요.

뭉치가 동물의 겉가죽을 쓰고 도망가고 있네요. 동물이나 식물의 겉가죽이나 겉껍질은 표피라고 해요.

발표(發드러낼 발 表)
사실이나 결과 등을 세상에 널리
드러내어 알림

표명(表 明밝힐 명)
겉으로 밝힘

표리(表 裏속 리)
겉과 속

표리부동
(表裏 不아닐 부 同같을 동)
마음속과 겉의 행동이 다름

표리일체
(表裏 一한 일 體몸 체)
겉과 속이 한 덩어리임, 또는 그
만큼 밀접한 관계를 맺고 있음

수업 시간에 자신의 생각을 겉으로 드러내 말하는 것을 발표(發表)라고 하죠? 바깥 세상에 널리 드러내어 알리는 다른 활동들도 발표라고 합니다.

다음 중 겉으로 드러내어 밝힌다는 뜻의 낱말은 무엇일까요?
( )

① 표명 ② 표리 ③ 표면

정답은 밝힐 명(明)이 쓰인 ①번 표명(表明)이에요.

저런, 수빈이는 겉과 속이 너무나 다르네요! 이런 상황을 두고 표리부동하다고 말해요. 표리는 물체의 겉과 속을 함께 일컫는 말이에요. 한자로 겉은 '표면'이고, 속은 '이면'이라고 하거든요. 여기에 '같지 않다'라는 뜻의 '부동'을 붙여서 표리부동이라고 해요.
반대로 표리일체라는 말도 있어요. 안과 밖이 한 덩어리가 되다, 또는 그 정도로 밀접한 관계를 맺고 있다는 뜻이지요.

귀엽네.

表 나타낼 표

- **표정**(表 情감정 정)
  마음속 감정을 겉으로 나타냄
- **표현**(表 現나타낼 현)
  감정이나 생각을 언어나 몸짓
  등으로 나타냄
- **표기**(表 記기록할 기)
  적어서 나타냄, 또는 그런 기록
- **표창**(表 彰밝힐 창)
  좋은 일을 널리 알려 칭찬함
- **표창장**(表彰 狀문서 장)
  표창하는 사실을 나타낸 문서
- **표음 문자**(表 音소리 음
  文글월 문 字글자 자)
  소리를 나타내는 문자
- **표의 문자**(表 意뜻 의 文字)
  하나하나의 글자가 음과 상관
  없이 뜻을 나타내는 문자

하하, 뭉치도 과자가 먹고 싶은지 강아지의 표정을 따라 하고 있군요. 표정(表情)은 마음속에 가진 감정을 겉으로 나타내는 것을 말해요.

감정이나 생각을 언어나 몸짓 등으로 나타내는 것은 표현(表現)이라고 해요. 여기서 표(表)는 '겉으로 나타내다'라는 뜻이에요.

다음 중 글로 적어서 나타내는 것은 무엇일까요? (   )

① 표피   ② 표범   ③ 표기

정답은 ③번 표기예요. 글로 적어서 나타내는 것은 기록할 기(記)를 써서 표기라고 해요.

어떤 일의 성과가 좋거나 훌륭한 행실을 했을 때 이를 세상에 널리 알려 칭찬하는 것을 표창이라고 해요. 표창하기 위해서 주는 상장을 표창장이라고 하지요.

한글이나 영어는 표음 문자(表音文字)예요. ㄱ, ㄴ, a, b와 같은 문자 기호는 아무 '뜻'이 없죠. 그냥 '소리'만 '나타낼' 뿐이죠. 이런 문자를 표음 문자라고 해요. 뜻을 가진 낱말이 되려면 문자 기호가 여러 개 모여야 하지요.

디. 에이. 엔…
단거,
설탕이란
뜻인가?

반면에 한자는 뜻을 나타내는 표의 문자(表意文字)예요. 하나하나의 글자가 음과 상관 없이 뜻을 나타내는 문자이지요.

■ **출사표**
(出날 출 師군사 사 表)
출병할 때 그 뜻을 적어 임금에게 올리던 글
■ **출병**(出 兵군사 병)

🔔 **출사표를 던지다**
요즘엔 선거나 사업 등 무언가를 새로 시작할 때 '출사표를 던졌다'라고 말해요. 군사를 내보내는 것처럼 큰일을 마음먹고 시작했다는 뜻이지요.

위 그림에서 어떤 쪽이 출사표일까요? ①번은 확실히 표 모양이네요. 하지만 정답은 ②번이지요. 출사표는 옛날 중국에서 제갈량이 출병, 즉 군사를 내보낼 때, 임금에게 그 뜻을 밝히며 쓴 글이에요. 그 문장 솜씨가 너무나도 뛰어나 지금까지 읽히고 있죠. 이때 표(表)는 글의 한 종류를 뜻해요.

4학년 2반 3번 뭉치	
중간	50점
기말	70점
중간	60점
기말	90점

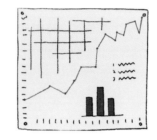

왼쪽은 뭉치의 성적을 나타낸 것이로군요. 성적표란 말이지요. 성적표의 표(表)는 내용을 일정한 형식과 순서에 따라 보기 쉽게 나타낸 것이에요.
그런데 오른쪽 것은 여러 모양의 그림으로 나타나 있죠? 그래서 왼쪽은 '표', 오른쪽은 '그림 도(圖)'를 붙여 도표라고 해요. 도표는 일정한 양식의 그림으로 나타낸 표를 말하거든요.

■ **표**(表)
일정한 형식과 순서에 따라 보기 쉽게 나타낸 것
■ **성적표**
(成이룰 성 績일 적 表)
학생들이 배운 지식, 기능, 태도 등을 기록한 표
■ **도표**(圖그림 도 表)
일정한 양식의 그림으로 나타낸표

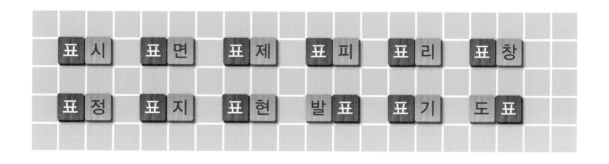

표시 표면 표제 표피 표리 표창

표정 표지 표현 발표 표기 도표

겉 표

1 주어진 한자를 따라 쓰세요.

표시

표면

표지

표제

표피

발표

표명

표리

표리부동

표리일체

표정

```
        [  명  ]                              [ 창  장 ]
          |                                      |
        [ 시 ]───[ 表 ]───[ 발 ]──────────────
          |         겉 표              |
    [ 리  부  동 ]                   [  도  ]
```

2 어떤 낱말에 대한 설명인지 쓰세요.

1) 겉에 드러난 면 ➡ ☐☐

2) 동물이나 식물의 겉가죽이나 겉껍질 ➡ ☐☐

3) 마음속과 겉의 행동이 다름 ➡ ☐☐☐☐

4) 마음속 감정을 겉으로 나타냄 ➡ ☐☐

5) 출병할 때 그 뜻을 적어 임금에게 올리던 글 ➡ ☐☐☐

3 알맞은 낱말을 찾아 문장을 완성하세요.

1) 이제 마지막으로 겉표지에 ☐☐ 만 적으면 되겠다.

2) 그렇게 안 좋은 ☐☐ 을 짓고 있으니 나도 가슴이 아프구나.

3) 한글은 ☐☐ 문자라 읽기가 쉬워.

4) 얼음을 넣어 둔 컵의 ☐☐ 에 물방울이 생기기 시작했어.

4 문장에 어울리는 낱말을 골라 ○표 하세요.

1) 한자는 (표의 / 표음) 문자라서 뜻과 음을 각각 익혀야 해.

2) 뺑소니범을 잡은 시민에 대해 (표창장 / 출사표)을(를) 수여하기로 했어.

3) 혜림이 생일을 잊지 않도록 달력에 (표시 / 표지)해 놔야지.

4) 내 마음을 (표기 / 표현)하기 위해 편지를 썼어.

5 그림을 보고, 알맞은 낱말을 연결하세요.

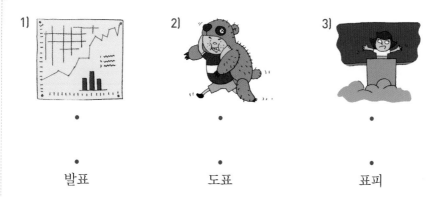

1)
2)
3)

발표   도표   표피

6 옳은 답을 따라가면서 나오는 글자를 모아 낱말을 만드세요.

→ 예 → 아니오

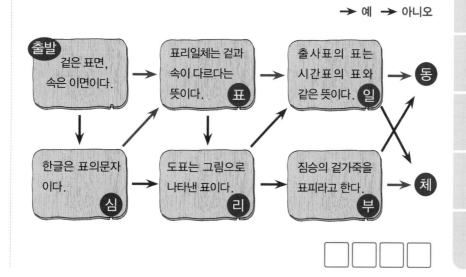

표현

표기

표창

표창장

표음 문자

표의 문자

출사표

출병

출사표를
던지다

표

성적표

도표

씨글자 / 기본 어휘

面
얼굴 면

내 가면이 더 무섭지롱

어흥~! 내 호랑이 □□ 무섭지?

으흐흐~ 총각, 내 □□이 더 무서울 걸.

으악

위 그림의 빈칸에 공통으로 들어갈 말은 무엇일까요? (   )

① 가죽   ② 어흥   ③ 가면   ④ 인상

정답은 ③번 가면이예요. 가면(假面)은 진짜 내 얼굴이 아니라
가짜 얼굴이라는 뜻이에요. 이때 면(面)은 얼굴이란 말이죠.
그렇다면 가면을 쓰고 하는 연극은? 물론 가면극이죠.
사람들이 보통 아침에 일어나서 하는 일은?
네, 바로 세면(洗面)을 하지요. 세면은 얼굴을 씻는 것을 말해
요. 세안, 세수는 다 세면과 같은 뜻이에요.

세면의 뜻을 생각하면서 다음 빈칸을 채워 보세요.
세면하는 방은? □□실,
세면할 수 있도록 갖추어 높은 대는? □□대,
세면할 때 쓰는 도구는? □□도구,
세면할 때 쓰는 물품은? □□ 용품.

面 **얼굴 면**

■ **가면**(假가짜 가 面)
가짜 얼굴

■ **가면극**(假面 劇연극 극)
가면을 쓰고 하는 연극

■ **세면**(洗씻을 세 面)
얼굴을 씻다

= **세안**(洗 顔얼굴 안)

= **세수**(洗 手손 수)

■ **세면실**(洗面 室방 실)
세면하는 방

■ **세면대**(洗面 臺대 대)
세면할 수 있도록 갖춰 놓은 대

■ **세면도구**

(洗面 道기능 도 具갖출 구)
비누, 칫솔, 수건 등 세면할 때
쓰이는 물건

■ **세면 용품**

(洗面 用쓸 용 品물건 품)
세면할 때 쓰는 물품

■ **체면**(體몸 체 面)
남을 대하기에 떳떳한 도리나 얼굴

■ **면전**(面 前앞 전)
보고 있는 얼굴 앞

■ **면박**(面 駁논박할 박)
면전에서 꾸짖음

이런 체면 차리다 돌아가시겠네요…. 어른들은 '체면 깎인다'라는 말을 많이 하시지요. 체면이 뭘까요?

체면(體面)은 남을 대하기에 떳떳한 얼굴을 말하지요. 즉 사람에 대한 도리를 말해요.

한편 면(面)은 만나다라는 뜻도 있어요. 면회(面會)는 어떤 기관이나 집단 생활을 하는 곳에 찾아가서 사람을 만나는 것을 말해요.

△**면목**(面 目눈 목)
체면과 비슷한 뜻으로 쓰이기도 하고 얼굴 모습이란 뜻으로도 쓰여요. 얼굴 모습이라고 쓰일 때는 면모(面 貌모양 모)와 같은 뜻이에요.
예 면목이 없다(체면의 뜻).

상사가 직원 면전에서 직원을 혼내고 있어요. 면전(面前)에서 면박(面駁)을 주고 있는 것이지요.

면전은 보고 있는 얼굴 앞! 면박은 면전에서 꾸짖는다는 말이에요.

面 **만날 면**

■ **면회**(面 會만날 회)
찾아가 사람을 만남

■ **면담**(面 談이야기 담)
만나 이야기함

■ **면접**(面 接접할 접)
직접 만나 그 사람의 됨됨이를 시험하는 것, 면접시험(面接 試시험 시 驗시험 험)의 준말

그럼 사람을 만나서 이야기하는 것은 무엇일까요? (　　　)

① 면면　　　② 면박　　　③ 면담　　　④ 면모

정답은 ③번 면담(面談)이에요. 오해가 있을 때 직접 얼굴을 맞대고 면담을 해야 그 사람의 정확한 의도를 알지요.

또 면접(面接)이란 말이 있죠. 면접은 면접시험의 준말로 직접 만나 그 사람의 됨됨이를 시험하는 것을 말해요.

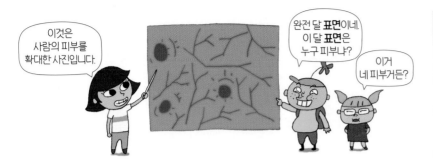

표면(表面)은 사물의 가장 바깥쪽을 말해요. 이럴 때 면(面)은 표면이란 말이죠. 그렇다면 땅의 표면은? 지□, 물의 표면은? 수□.

그럼 그림이나 영상이 표면으로 나타나는 것은 무엇일까요?

( )

① 화면   ② 평면   ③ 정면   ④ 양면

정답은 ①번 화면이에요. 화면(畫面)은 그림을 그린 면이나 텔레비전, 컴퓨터 등의 영상이 나타나는 면을 말해요.
앞면과 뒷면, 옆면은 각각 물체의 앞쪽 면, 뒤쪽 면, 옆쪽면을 말합니다. 양면(兩面)은 물체의 두 면을 말해요. 따라서 동전의 양면이란 동전의 앞쪽과 뒤쪽을 모두 가리키겠죠.

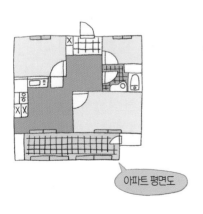

아파트 평면도

평면(平面)은 평평한 면을 말해요. 평면 상태를 나타낸 그림을 평면도라고 해요. 평면 도형은 평면에 그려진 도형이겠지요.
면적(面積)은 평면 도형의 넓이를 말해요. '직사각형의 면적', '삼각형의 면적' 등. 겉면적은 입체 도형의 겉에 있는 면적이지요.

面	표면 면

■ **표면**(表겉 표 面)
사물의 가장 바깥쪽

■ **지면**(地땅 지 面)
땅의 표면, 땅바닥

■ **수면**(水물 수 面)
물의 표면

■ **화면**(畫그림 화 面)
그림이나 영상이 나타나는 면

■ **앞면**

■ **뒷면**

■ **옆면**

■ **양면**(兩두 량 面)
물체의 두 면

■ **평면**(平평평할 평 面)
평평한 면

■ **평면도**(平面 圖그림 도)
평면 상태를 나타낸 그림

■ **평면 도형**
(平面圖 刑모양 형)
평면에 그려진 도형

■ **면적**(面 積쌓을 적)
평면 도형의 넓이

🔔 단면
단면(斷자를 단 面)은 물체의 잘라낸 면을 말해요.

거북이가 속도 면에서 다른 동물보다 느리지만 달팽이에 비해선 매우 빠르지요. 속도 면(速度面)이란 이렇게 속도의 측면을 말하죠. 이렇게 면(面)은 '~ 측면, ~의 방향'이란 뜻이 있어요.

만약 똑같은 시간에 친구가 나보다 책을 더 많이 읽는다면 친구가 독서 능력 면에서 나보다 뛰어나다고 할 수 있겠지요.

마찬가지로 운영의 측면에서 볼 때는 운영 면, 종교의 측면에서 볼 때는 종교 면이라고 해요.

득의만면(得意滿面)은 뜻한 바를 이루어서 기쁜 표정이 얼굴에 가득하다는 말입니다. 엄마께 게임기를 사 달라고 했는데 마침내 사 주셨어요. 그렇다면 득의만면하겠지요.

물심양면(物心兩面)은 무슨 뜻일까요? 물질적인 면과 정신적인 면의 양면을 말해요. '선생님은 집이 가난한 영수를 물심양면으로 도와주셨다' 라고 할 때처럼 사용하죠.

面 측면 면

■ **측면**(側옆 측 面)
사물이나 현상의 한 부분을 말함

■ **속도 면**
(速빠를 속 度법도 도 面)
속도의 측면

■ **능력 면**
(能능할 능 力힘 력 面)
능력의 측면

■ **운영 면**
(運옮길 운 營경영할 영 面)
운영의 측면

■ **종교 면**
(宗종교 종 教가르칠 교 面)
종교의 측면

■ **득의만면**(得얻을 득 意뜻 의 滿찰 만 面)
뜻한 바를 이루어 기쁜 표정이 얼굴에 가득함

■ **물심양면**(物물건 물 心마음 심 兩두 량 面)
물질적인 면과 정신적인 면의 양면

🔔 **정면**
똑바로 마주 보이는 면을 정면 (正바를 정 面)이라고 하지요.

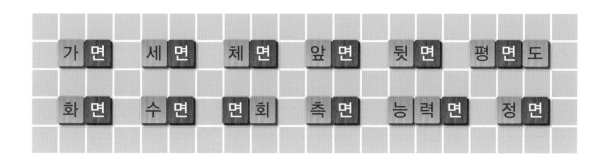

가면	세면	체면	앞면	뒷면	평면도
화면	수면	면회	측면	능력면	정면

얼굴 면

❶ 주어진 한자를 따라 쓰세요.

세　실

가　　面　　전

화　　얼굴 면

박

회

가면
가면극
세면
세안
세수
세면실
세면대
세면도구
세면 용품
체면
면전
면박
면목
면회
면담
면접
표면
지면
수면

❷ 어떤 낱말에 대한 설명인지 쓰세요.

1) 비누, 칫솔, 수건 등 세면할 대 쓰이는 물건 ➡ ☐☐☐☐

2) 가짜 얼굴 ➡ ☐☐

3) 어떤 기관에 찾아가서 사람을 만남 ➡ ☐☐

4) 물체의 두 면 ➡ ☐☐

5) 평면에 그려진 도형 ➡ ☐☐☐☐

❸ 알맞은 낱말을 찾아 문장을 완성하세요.

1) 이번 학예회에서 우리 분단은 ☐☐을 쓰고 연극을 했어.

2) 아침에 일어나자마자 깨끗하게 ☐☐하고 학교 가야 해.

3) 초등학교 6학년이 이불에 오줌을 싸다니 ☐☐이 말이 아니구나.

4) 뒤에서 욕을 하는 것보다 차라리 ☐☐에서 욕을 하는게 낫다.

4 문장에 어울리는 낱말을 골라 ○표 하세요.

1) 사장님이 신입 사원 (면전 / 면접)을 보고 있어요.

2) 삼각형, 사각형은 (입체 도형 / 평면 도형)이야.

3) 텔레비전 (정면 / 화면)에서 보이는 영상이 깨끗하네.

5 그림을 보고, 알맞은 낱말을 쓰세요.

화면
앞면
뒷면
옆면
양면
평면
평면도
평면 도형
면적
단면
측면
속도 면
능력 면
운영 면
종교 면
득의만면
물심양면
정면

6 그림을 보고, 알맞은 낱말을 쓰세요.

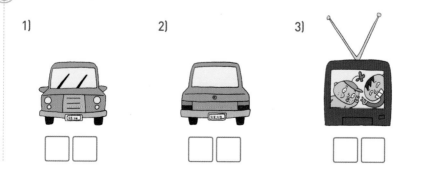

땅이 흔들흔들
지진이 일어났다!

지 진

지진은 상상만 해도 무서워.

넓은 땅이 흔들리고 움직인다면 어떻게 될까요? 건물이나 도로가 무너지고 사람이 죽거나 다치는 등 큰 피해를 입겠죠? 이렇게 땅이 흔들리고 움직이는 현상을 '땅 지(地)' 자와 '움직일 진(震)' 자를 써서 지진이라고 해요.

땅이 우르릉 꽝 움직인다면 움직일 진(震)

지진은 땅속 깊이 쌓여 있던 큰 에너지가 이리저리 움직이다 부딪히는 힘에 의해 생겨요. 지진이 일어나면 땅이 흔들리고 움직이는 진동이 발생하지요.

지진에 의해 발생한 진동의 움직임을 지진파,

지진파가 제일 먼저 시작된 곳, 즉 지진이 처음 일어난 곳이라는 의미의 진원,

땅속 깊이 있는 진원에서 쭉 올라와 땅의 표면인 지표와 만나는 곳은 진앙이라고 불러요.

지진파를 기록하는 장치인 지진계를 통해 진앙까지의 거리를 알수 있는데, 수치가 높을수록 강한 지진인 강진에 해당해요.

몸으로 느끼는 지진의 강도를 진도라고 하는데 0~7까지 총 8

地	震
땅 지	움직일 진

땅이 흔들리거나 움직이는 현상

■ **진동**(震 動움직일동)
흔들리고 움직임

■ **지진파**(地震 波물결파)
지진에 의해 발생한 진동의 움직임

■ **진원**(震 源근원원)
지진이 처음 일어난 곳

■ **지표**(地 表겉표)
땅의 표면

■ **진앙**(震 央가운데앙)
진원에서 쭉 올라와 지표와 만나는 곳 = **진앙지**

■ **지진계**(地震 計셀계)
지진파를 기록하는 장치

■ **강진**(强강할강 震)
강한 지진

■ **진도**(震 度정도도)
몸으로 느끼는 지진의 강도

단계로 나뉘고, 6 이상이면 건물이
기울어지기도 하고 땅이 갈라지기
도 해요.
큰 지진이 일어난 다음 잇따라 일
어나는 지진인 여진이 일어나 추가 피해가 생기기도 해요.
이러한 피해를 막으려면 건물을 지을 때 지진에 견딜 수 있도록
내진 설계를 해야만 하지요. 그런데 지진이 특히 잘 일어나는
지역이 있어요. 지진이 잘 일어나는 띠 모양의 지역을 지진대라
고 불러요.

솟구치고 꺼지는 지형

우리가 살고 있는 지구는 둥근 공 모양이에요.
지구의 바깥쪽 표면을 구성하는 부분에 지각이 있어요. 지각은
산맥이나 계곡들로 인해 울퉁불퉁하다는 것을 알 수 있어요.
지진의 원인이 되는 지구 내부의 힘은 아주 대단해서 지각뿐만
아니라 지층을 변화시키기도 해요.
샌드위치처럼 색깔과 모양이 다른 여러 층이 쌓여 있는 지층에
힘을 주면 구부러지거나 끊어져 땅의 형태인 지형이 변하기도
하지요.
지형이 변하게 되면 새로운 땅이 만들어지거나 없어지기도 하여
지역이 달라지기도 하고, 그 지역의 이름인 지명이 달라지기도
해요.

여진(餘남을 여 震)
큰 지진이 일어난 다음 잇따라
일어나는 지진

내진 설계(耐견딜 내 震 設세울
할 설 計)
지진에 잘 견디도록 하는 설계

지진대(地震 帶띠 대)
지진이 일어나는 띠 모양의 지역

지구(地 球공구)
공 모양의 땅

지각(地 殼껍질 각)
지구의 바깥쪽 표면을 구성하는
부분

지층(地 層층층)
땅의 층

지형(地 形모양 형)
땅의 형태

지역(地 域경계 역)
땅을 어떤 특징으로 나눈 영역

지명(地 名이름 명)
땅의 이름

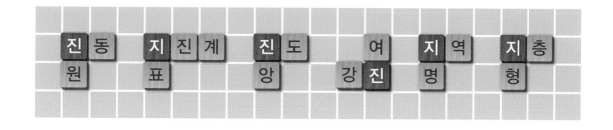

중력이나 인력, 모두 힘이야!

중력 없이는 못 살아!

옛날 사람들은 지구가 편평하다고 생각했어요. 지구가 둥글다고 주장하는 사람도 있었지만, 지구가 둥글면 지구 밖으로 굴러 떨어질 거라는 말에는 반박할 수가 없었어요.

여러분은 지구가 둥글다고 주장할 수 있죠? 지구가 물체를 잡아당기는 힘인 중력을 알고 있잖아요. 중력에서의 '력(力)'은 힘이라는 뜻이에요.

끌어당기고 미는 모든 힘은 력(力)

뉴턴이 사과나무에서 떨어지는 사과를 보고 만유인력의 법칙을 생각했다는 이야기는 유명해요.

만유인력이란 '이 세상의 모든 물체에는 서로 끌어당기는 힘이 있다'라는 뜻이에요. 그럼 '힘 력(力)' 자가 들어가는 낱말을 알아볼까요?

끌어당기는 힘인 인력 ↔ 밀어내는 힘인 척력,

자석의 N극과 S극은 인력이 작용해 서로 끌어당기고 N극과 N극, S극과 S극은 척력이 작용해 서로 밀어내요.

힘에는 여러 가지가 있어요.

重	力
무거울 중	힘 력

지구가 물체를 잡아당기는 힘

▶ **만유인력**
(萬 모두 만 有 있을 유 引 끌어당길 인 力)
모든 물체가 서로 끌어당기는 힘

■ **인력**(引 力)
끌어당기는 힘

▶ **척력**(斥 물리칠 척 力)
밀어내는 힘

용수철처럼 잡아당기거나 오므려도 다시 원래대로 돌아가려는 힘은 탄성력. 물체의 움직임을 방해하는 힘은 마찰력이에요. 얼음이나 편평한 도로에서는 마찰력이 작고, 바닥이 거칠수록 마찰력은 커져요. 누르는 힘은 압력, 물속에서는 위로 붕 뜨려는 힘인 부력도 있어요.

눈길에는 **마찰력**이 큰 신발을 신으라고!

여러 힘을 이용해 만들어 내는 에너지

과학에서는 힘을 '물체가 일할 수 있는 능력, 즉 에너지'로 정의해요. 사람들은 예로부터 자연에 있는 에너지를 활용해 기계를 돌릴 수 있는 에너지로 바꾸기 위해 물레방아나 풍차 등을 만들었어요. 이런 걸 동력이라고 해요. 오늘날에는 다양한 발전소를 만들어 동력을 얻고 있지요.

바람의 힘을 이용하면 풍☐ 발전소,

석탄이나 석유를 태울 때 생기는 에너지를 이용하면 화☐ 발전소,

물의 힘을 이용하면 수☐ 발전소,

파도의 힘을 이용하면 파☐ 발전소,

조수 간만의 차이를 이용하면 조☐ 발전소,

원자핵 에너지를 이용한 원자☐ 발전소도 있어요.

모두 힘을 이용하니까 '힘 력(力)' 자가 들어가지요?

■ **탄성력**

(彈 탄알탄 性 성품성 力)

다시 원래의 모양으로 되돌아가려는 힘

■ **마찰력**

(摩 갈마 擦 비빌찰 力)

물체의 움직임을 방해하는 힘

■ **압력**(壓 누를압 力)

누르는 힘

■ **부력**(浮 뜰부 力)

물에 뜨려는 힘

■ **동력**(動 움직일동 力)

움직이는 힘, 자연에 있는 에너지를 기계 에너지로 바꾼 것

■ **풍력**(風 바람풍 力)

바람의 힘

■ **화력**(火 불화 力)

불에 태울 때 생기는 힘

■ **수력**(水 물수 力)

물의 힘

■ **파력**(波 물결파 力)

파도의 힘

■ **조력**(潮 조수조 力)

조수 간만의 차이로 생기는 힘

■ **원자력**

(原 근원원 子 아들자 力)

원자핵의 반응을 이용한 힘

씨낱말 블록 맞추기 지 진

1 공통으로 들어갈 낱말을 쓰세요.

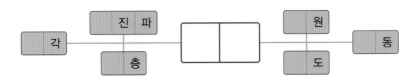

지진
진동
지진파
진원
지표
진앙
지진계
강진
진도
여진
내진 설계
지진대
지구
지각
지층
지형
지역
지명

2 주어진 낱말을 넣어 문장을 완성하세요.

1) 진 원 / 앙
지진이 처음 일어나는 곳은 ☐☐, 땅의 표면인 지표와 만나는 곳은 ☐☐이라고 불러.

2) 강 진 / 도
벽에 금이 가고 담이 무너질 정도의 지진은 ☐☐, 몸으로 느끼는 지진의 정도는 ☐☐이다.

3 문장에 어울리는 낱말을 골라 ○표 하세요.

1) 집이 흔들리긴 했지만 (진원 / 지표)(으)로부터 멀어 피해는 없어.

2) 지진이 잘 일어나기 쉬운 (지진대 / 지진계)는 띠 모양이야.

4 예문에 어울리는 낱말을 쓰세요. [과학]

땅은 암석으로 이루어져 있어서 단단해 보인다. 하지만 지구 내부의 힘을 받으면 땅의 층인 ☐☐이 갈라지거나 끊어지는 현상이 생긴다. 이때 ☐☐이 일어난다. 땅의 흔들림이 처음 일어난 지점을 ☐☐이라 한다. 진원에서 올라와 지표와 만나는 곳인 ☐☐에서 흔들림이 가장 크다. 지진의 피해를 줄이려면 지진에 잘 견딜 수 있는 ☐☐ 설계에 의해 건물을 지어야 한다.

씨낱말
블록 맞추기 중 력

1 공통으로 들어갈 낱말을 쓰세요.

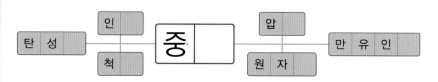

중력
만유인력
인력
척력
탄성력
마찰력
압력
부력
동력
풍력
화력
수력
파력
조력
원자력

2 주어진 낱말을 넣어 문장을 완성하세요.

1) 인
   척 력
   서로 끌어당기는 힘은 ☐☐,
   서로 밀어내는 힘은 ☐☐이다.

2) 수
   풍 력
   물의 힘을 이용하는 발전을 ☐☐ 발전,
   바람의 힘을 이용한 발전을 ☐☐ 발전이라고 한다.

3 문장에 어울리는 낱말을 골라 ○표 하세요.

1) 자석의 다른 극끼리 끌어당기는 힘은 (인력 / 척력)이야.

2) 사과를 놓았을 때, 아래로 떨어지는 것은 (중력 / 압력) 때문이야.

3) 파도의 힘을 이용하여 전기를 생산하는 것은 (풍력 / 파력) 발전이야.

4 예문에 어울리는 낱말을 쓰세요. [과학]

물체 사이에는 항상 힘이 작용한다. 힘의 종류에는 지구가 물체를 끌어

당기는 힘인 ☐☐, 물체의 미끄러짐을 방해하는 힘인 ☐☐

☐, 물체가 원래의 모양대로 되돌아가려는 힘인 ☐☐☐ 등

이 있다. 또한 여러 가지 자연을 이용하여 전기를 만들어 내는 방법으

로는 바람을 이용하는 ☐☐ 발전, 물을 이용하는 ☐☐ 발전,

파도의 힘을 이용하는 ☐☐ 발전 등이 있다.

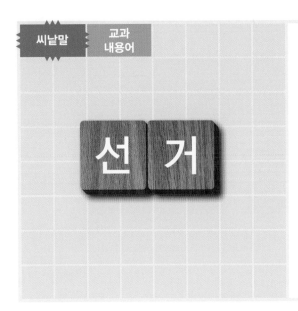

선거는 대표를 잘 뽑는 거야

우리의 대표를 뽑는 일을 선거라고 해요.
선(選)은 여럿 중에 목적에 맞는 것을 가려낸다는 뜻이고,
거(擧)는 원하는 것을 손으로 들어낸다는 뜻이에요.
회장, 부회장뿐만 아니라 사회의 대표자는 사람들의 선택, 즉
여럿 가운데 필요한 사람을 고르는 행동으로 결정되지요.

마땅한 대표를 뽑는 선거

선거에서 뽑히는 것을 당선이라고 해요. 그 일에 마땅한 사람을
가려서 뽑았다는 의미이지요. 그래서 선거 전에 우리는 충분히
고민해야 해요.
국가의 최고 통치자를 뽑는 것은 대통령 선거,
국민을 대표해서 법을 만들고 국가의 정책을 살피는 국회 의원
을 뽑는 선거는 국회 의원 선거,
우리가 사는 '구', '시', '도'의 대표와 의원을 뽑는 지방 선거,
선거를 했다고 민주 시민으로서의 일이 끝났다고 생각하면 절대
안 돼요. 선거에서 뽑힌 대표가 맡은 일을 잘 하고 있는지 항상
옆에서 지켜보아야 해요.

選	擧
가릴 선	들 거
대표를 뽑는 것	

- **선택**(選 擇 가릴 택)
여럿 중에서 알맞은 것을 고름
- **당선**(當 마땅할 당 選)
선거에서 뽑히는 것
- **대통령**(大 클 대 統 거느릴 통 領 거느릴 령) **선거**
국가의 최고 통치자를 뽑는 것
- **국회 의원**(國 나라 국 會 모일 회 議 의논할 의 員 관원 원) **선거**
국가의 정책을 살피는 국회 의원을 뽑는 선거
- **지방**(地 땅 지 方 지역 방) **선거**
'구', '시', '도' 등의 대표와 의원을 뽑는 선거

116

정정당당 선거 운동

대표로 일하고 싶다면 먼저 후보자 등록을 한 후 선거 운동을 시작해요. 선거 운동이란 내가 대표자로서 적합한 사람이란 것을 많은 사람들에게 알리는 행동이에요.

저를 뽑아 주신다면 내수 수요일은 떡볶이를 점심 식사로!

이때 후보자들은 여러 사람들에게 하는 약속인 공약을 내걸어요. 학급 선거에서도 '저를 뽑아 주신다면…'과 같은 이야기를 하지요. 이런 말이 공약에 해당해요. 이렇게 공약을 꼼꼼히 따져야 합리적 선택을 할 수 있어요. 때로는 당선되고자 하는 욕심에 다른 후보자에 대한 근거 없는 나쁜 소문을 퍼뜨리는 등 공명선거를 하지 않는 사람도 있어요. 선거가 공정하고 공평하게 진행될 수 있도록 선거 관리 위원회에서 관리, 감독을 하지요.

선거에는 4가지 원칙이 있어요.

성별·인종 등에 상관없이 일정 나이 이상이면 누구나 선거를 할 수 있는 보통 선거, 부자든 가난한 사람이든 남자든 여자든 각각 한 표의 권리를 갖는 평등 선거, 내가 어떤 후보에게 투표했는지 비밀이 보장되는 비밀 선거, 내 자신이 직접 투표를 행사하는 직접 선거 원칙이 있어요.

바르지 못한 방법으로 치러지는 부정 선거가 없도록 우리의 적극적인 관심과 참여가 중요하겠죠?

선거 운동
(運옮길 운 動움직일 동) 대표자로서 적합한 사람이란 것을 알리는 행동

공약 (公공평할 공 約맺을 약)
여러 사람에게 하는 약속

합리적 선택 (合모을 합 理이치 리 的과녁 적 選擇)
곰곰이 생각하여 만족스러운 선택을 하는 것

공명 (公공평할 공 明밝을 명) 선거
떳떳하고 바른 선거

선거 관리 위원회
(選擧 管관리 관 理다스릴 리 委맡길 위 員사람 원 會모일 회) 선거를 감독, 관리하는 모임

보통 (普넓을 보 通통할 통) 선거
누구나 선거를 할 수 있는 원칙

평등 (平평평할 평 等같을 등) 선거
표가 같은 가치를 갖는 원칙

비밀 (秘숨길 비 密비밀 밀) 선거
비밀이 보장되는 원칙

직접 (直빠른 직 接접할 접) 선거
직접 투표를 하는 원칙

부정 (不아닐 부 正바를 정) 선거
바르지 못한 방법으로 치룬 선거

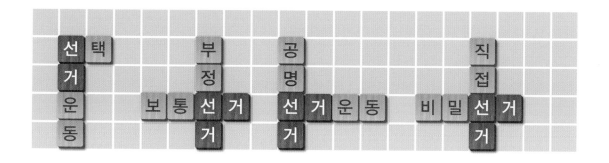

'민주○○, 자본○○' 뒤에 붙을 낱말은 무엇일까요? 네, 주의 예요. 가장 중요하게 지키고자 하는 생각이나 주장들을 이르는 말이지요. 민주주의는 국민이 나라의 주인이 되고 국민의 뜻에 따라 나라를 다스리는 정치 제도예요.

이번에는 세계의 정치 제도와 관련된 말을 알아보아요.

주의(主義)와 관련된 낱말

'주의'가 들어간 낱말은 한자어를 잘 풀이해 이해하면 더 쉬워요. 돈, 그러니까 자본을 가진 사람이 자유롭게 경쟁하며 활동을 해 이익을 얻는 제도는 자본주의라고 해요. 우리나라를 비롯해서 미국, 일본 등 많은 나라들이 시행하고 있지요.

사회주의는 개인의 이익과 자유보다 사회 전체의 이익을 우선시하여 모두가 평등한 사회를 만들려는 사상이에요.

더 나아가 공산주의는 개인 재산을 없애고 함께 공유하는 사회를 만들려는 사상이에요. 법에 따라 나라를 다스리는 제도는 법치주의, 한 민족의 문제는 다른 나라의 간섭을 받지 않고 스스로 결정하고 해결해야 한다는 생각은 민족 자결주의라고 해요.

民	主	主	義
백성	주인	주인	옳을
민	주	주	의

국민이 나라의 주인이 되고 국민의 뜻에 따라 나라를 다스리는 정치 제도

- **주의**(主주인주 義옳을의)
지키고자 하는 생각이나 주장

- **자본**(資재물자 本근본본)**주의**
자본을 가진 사람이 자유롭게 경쟁하며 활동을 해 이익을 얻는 제도

- **사회**(社모일사 會모일회)**주의**
사회 전체의 이익을 우선시하는 사상

- **공산**(共함께공 産낳을산)**주의**
함께 공유하는 사회를 만들려는 사상

- **법치**(法법법 治다스릴치)**주의**
법에 따라 나라를 다스리는 제도

3·1 만세 운동이 민족 자결주의의 영향을 받았다고 해요.

부정적인 의미의 주의도 있어요. 힘센 편에 기대고 섬기는 것을 당연하게 여기는 태도인 사대주의예요. 조선 시대에는 중국을 섬기는 사대주의가 널리 퍼져 있었어요.

자기가 사는 지역의 이익만 생각하는 태도를 지역 이기주의라고 해요. 쓰레기 매립장이나 화장터 등을 자신이 살고 있는 지역에 짓지 못하도록 하는 행동이지요.

민족자결주의

정치 제도와 관련된 낱말

우리나라의 최고 법규인 헌법 제1조 1항에는 다음과 같이 나와요. "대한민국은 민주공화국이다." 공화국은 국민이 나라의 주인이며, 국민이 뽑은 대표자가 다스리는 공화제를 실시하는 나라라는 말이지요.

공화제 중 대통령이 중심이 되어 나랏일을 운영하는 제도인 대통령제, 국회 의원들이 중심이 되어 나랏일을 운영하는 의원 내각제가 있어요.

반면 군주제는 군주, 즉 왕이 나라를 다스리는 제도인데 오늘날에는 잘 볼 수 없어요.

민족 자결(民겨레 속 族겨레 속 自스스로 자 決결단할 결)**주의**
한 민족의 문제는 스스로 결정하고 해결해야 한다는 생각

사대(事섬길 사 大클 대)**주의**
힘센 편에 기대고 섬기는 것을 당연하게 여기는 태도

지역 이기(地땅 지 域지경 역 利이로울 이 己자기 기)**주의**
자기가 사는 지역의 이익만 생각하는 태도

공화국
(共함께 공 和화합 화 國나라 국)
국민이 뽑은 대표자가 다스리는 제도를 가진 나라

공화제(共和 制만들 제)
국민이 뽑은 대표자가 다스리는 제도

대통령제(大큰 대 統거느릴 통 領거느릴 령 制)
대통령이 중심이 되어 나랏일을 운영하는 제도

의원 내각제(議의논할 의 員인원 원 內안내 閣세울 각 制)
국회 의원들이 중심이 되어 나랏일을 운영하는 제도

군주제(君임금 군 主制)
왕이 나라를 다스리는 제도

1 공통으로 들어갈 낱말을 쓰세요.

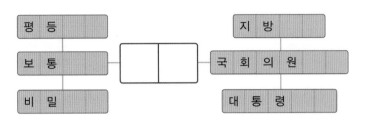

선거
선택
당선
대통령 선거
국회의원 선거
지방 선거
선거 운동
공약
합리적 선택
공명선거
선거관리 위원회
보통 선거
평등 선거
비밀 선거
직접 선거
부정 선거

2 주어진 낱말을 넣어 문장을 완성하세요.

1) 당 선 / 거

조직이나 집단의 대표를 뽑는 것은 ☐☐ , 뽑히는 것은 ☐☐ 이다.

2) 비 / 밀 / 보 통 선 거 / 거

성별, 인종에 관계 없이 일정 나이 이상이 되어 선거할 수 있는 것은 ☐☐ ☐☐ , 누구에게 투표했는지 비밀이 보장되는 것은 ☐☐☐☐ 이다.

3 문장에 어울리는 낱말을 골라 ○표 하세요.

1) 부정없이 떳떳하게 (공명 / 비밀)선거를 치르도록 해야 해.

2) 후보자들은 선거에 당선되기 위해 각종 (공약 / 공지)을(를) 내걸어.

4 예문에 어울리는 낱말을 쓰세요. [사회]

투표권을 가진 사람이 대통령과 국회 의원을 직접 뽑는 것을 ☐☐ 선거라고 한다. 이때 누굴 선택했는지 비밀로 하기 위해 ☐☐ 선거로 진행된다. 나라의 대표를 뽑는 선거는 모든 사람이 공평하게 한 표씩 행사하도록 하는 ☐☐ 선거로 치러진다. 선거는 부정이 일어나지 않도록 ☐☐ 선거로 진행돼야 한다.

씨낱말
블록 맞추기

민 주 주 의

1 공통으로 들어갈 낱말을 쓰세요.

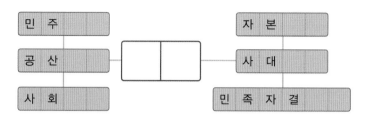

민주주의

주의

자본주의

사회주의

공산주의

법치주의

민족 자결주의

사대주의

지역 이기주의

공화국

공화제

대통령제

의원 내각제

군주제

2 주어진 낱말을 넣어 문장을 완성하세요.

1)

자			
본			
주			
사	회	주	의

자본을 가진 사람이 자유롭게 경쟁하며 생산 활동을 해 이익을 얻는 제도는 ☐☐☐☐, 사회 전체의 이익을 우선시하여 평등한 사회를 만들려는 건 ☐☐☐☐예요.

2)

		법	
		치	
		주	
사	대	주	의

법에 따라 나라를 다스리는 제도는 ☐☐☐☐이고, 크고 힘센 편에 기대고 섬기는 것을 당연하게 여기는 태도는 ☐☐☐☐지요.

3 예문에 어울리는 낱말을 쓰세요. [사회]

☐☐☐☐는 국민이 나라의 주인이 되고 국민의 뜻에 따라 나라를 다스리는 정치 제도를 뜻해요. 대통령이 중심이 되어 나랏일을 운영하는 ☐☐☐☐나, 국민이 뽑은 국회 의원들이 중심이 되어 나랏일을 운영하는 ☐☐ ☐☐☐는 모두 민주주의를 기반으로 하고 있어요.

임금의 나라 왕국, 황제의 나라 제국

나, 어때? 겨울 **왕국**의 공주 같아?

공주를 욕되게 하지마.

'겨울 왕국'의 얼음 왕국을 기억하나요?
겨울 왕국에 나오는 국(國) 자는 나라를 의미해요.
국왕이 다스리는 나라를 왕국이라고 하고, 황제가 다스리는 나라를 제국이라고 하지요.

왕이 다스리는 왕국

왕이란 존재가 처음부터 하늘에서 뚝 떨어지는 건 아니에요. 여기저기 흩어진 부족들은 재물도 빼앗고 사람들도 붙잡아 노예로 만들려고 치열한 싸움을 벌였어요. 작고 약한 부족은 사라지고 힘이 비슷한 부족들이 모여서 나라의 형태를 갖기 시작하는데 이를 연맹 왕국이라고 해요.

연맹 왕국의 국왕은 고려나 조선처럼 강한 힘을 갖고 있는 왕이 아니라 단지 함께 모인 부족들의 대표였어요. 우리가 잘 알고 있는 고조선도 연맹 왕국이었어요.

고조선의 뒤를 이어 철기 문화를 바탕으로 여러 나라가 세워져요. 이들 가운데에서는 연맹 왕국의 단계를 넘어 강한 왕권으로 힘을 집중시킬 수 있었던 나라가 나타났어요. 고구려, 백제, 신라

王 임금 왕	國 나라 국
임금이 다스리는 나라	

■ **제국**(帝 황제 제 國)
황제가 다스리는 나라

■ **연맹 왕국**(聯 연이을 연 盟 맹세할 맹 王國)
힘이 비슷한 여러 부족들이 모여 만든 왕국

■ **고조선**
(古 옛 고 朝 아침 조 鮮 빛날 선)
우리민족이 세운 최초의 국가

는 본격적인 왕국으로 커나가
지요.

신라가 삼국을 통일하자 고구
려가 있던 자리에는 대조영이
세운 발해라는 나라가 큰 세
력으로 자리를 잡아요.

발해의 문물과 문화가 상당히 발전하자, 중국 당나라에서는 발
해를 동쪽의 성대한 나라라는 의미에서 해동성국이라고 불렀지
요.

통일 신라 말에는 후고구려, 후백제로 나뉘는 후삼국 시대가 열
리면서 혼란이 계속되지요.

후삼국 시대를 통일한 나라가 바로 왕건이 세운 고려예요. 또
고려는 조선으로 이어지지요. 고려와 조선은 나라가 체계적인
모습을 갖추었어요. 그리고 강한 왕의 권력, 즉 왕권을 휘두를
수 있었어요.

황제가 다스리는 제국

조선 후기에 일본을 비롯한 외국 세력들은 조선의 영토를 욕심
내고 정치를 간섭하였어요. 나라를 빼앗길 위기에 처한 고종은
외세의 간섭을 물리치고 자주적인 국가를 만들고자 하였어요.
그래서 스스로를 황제라고 칭했고, 나라의 위치는 제국으로 높
아졌지요. 나라 이름도 대한 제국으로 바꾸었어요.

■ **고구려**(高높을 고 句올가미 구
麗고울 려)
■ **백제**(百일백 백 濟건널 제)
■ **신라**(新새 신 羅벌여놓을 라)
■ **발해**(渤바다 이름 발 海바다 해)
■ **해동성국**(海 東동녘 동 盛성
할 성 國나라 국)
동쪽의 성대한 국가
■ **고려**(高麗)
왕건이 궁예를 내쫓고 개경에
도읍을 세운 나라
■ **조선**(朝鮮)
이성계가 고려를 무너뜨리고
세운 나라
■ **대한 제국**
(大클 대 韓한국 한 帝國)

씨낱말 / 교과 내용어

능, 총, 고분 모두 무덤이야

고분

이 무덤이 성종의 무덤이구나!

어제 갔던 **천마총**은 신라, 어느 왕의 무덤일까?

왕이나 왕비가 묻힌 곳은 능(陵)이라고 부르지요. 서울 지하철 2호선의 선릉은 조선 성종의 무덤이고, 경기도 여주의 영릉은 세종 대왕의 무덤이에요. 무덤 중에서도 역사적인 가치가 있는 것은 고분(古墳)이라고 해요. 말 그대로 오래전에 만들어진 무덤인 거죠. 무덤의 크기는 지위가 높을수록 커요.

주인을 알 수는 없지만 왕족의 무덤이 확실한 경우에는 총(塚) 자를 붙여요. 천마총, 금관총이 모두 이 경우에 해당하지요.

한편 신석기 시대 사람들이 먹고 버린 조개, 굴 등의 껍데기가 무덤처럼 쌓인 것은 패총이라고 부른답니다.

고분에 물건이나 사람을 함께 묻는 순장

청동기 시대의 대표적인 무덤은 고인돌이에요.

옛날 사람들은 무덤에 묻은 물건들을 저승에서 사용한다고 믿었거든요. 그럼 죽은 사람의 신분이 높을수록 무덤 안에 묻는 물건들도 많았겠지요?

또 왕처럼 신분이 높은 사람의 무덤에는 신하나 아내를 함께 묻기도 했답니다. 이것을 순장이라고 해요.

古 옛 고	墳 무덤 분
오래전에 만들어진 무덤	

■ **능(陵 무덤 능)**
왕이나 왕비의 무덤

■ **총(塚 무덤 총)**
주인을 알 수 없지만 확실한 왕족의 무덤

■ **패총(貝 조개 패 塚)**
조개, 굴 등의 껍데기가 무덤처럼 쌓인 유적

■ **순장**
(殉 따라 죽을 순 葬 장사 지낼 장)
죽은 이와 가까웠던 사람을 함께 묻는 일

각양각색의 무덤

무덤은 여러 가지가 있어요.
구덩이를 파고 널빤지로 사
각형 벽을 만들어 시신을 땅
에 묻는 널무덤,
나무 대신 돌을 사용하면
돌널무덤,
시신을 옹기에 넣어 매장한 독무덤,
시체를 땅에 묻고 그 위를 흙이나 돌로 덮은 것을 돌무지무덤이
라고 해요.
시간이 흐르면서 지하나 지상에 방을 만드는 무덤도 등장했어요.
방을 만드는 재료가 나무면 덧널무덤,
덧널무덤 위에 돌을 쌓으면 돌무지 덧널무덤,
방을 돌로 만들면 돌방무덤.
돌방무덤은 돌로 방을 만들었기 때문에 벽에 벽화를 그릴 수 있
었지요. 고구려 벽화의 특징을 알 수 있는 무용도, 사신도, 수
렵도 등이 모두 무덤 벽화예요.
돌무지 덧널무덤은 외부로 연결된 통로가 없어요. 그래서 무덤
을 파고 들어가 유물을 훔치는 도굴이 어려웠다고 해요. 이후에
는 무덤 안에 통로를 만들어 출입구가 있는 굴식 돌방무덤도 등
장했어요. 무령왕릉이 굴식 돌방무덤의 대표적인 예랍니다.

왠지 사람이 살아서 나올 것 같애.

널무덤
구덩이를 파고 넓적한 나무판자로 사각형 벽을 만들어 시신을 땅에 묻는 무덤

돌널무덤
넓적한 돌로 사각형 벽을 만들어 시신을 땅에 묻는 무덤

독무덤(甕항아리 옹 棺널을 관 墓무덤 묘) = 옹관묘
시신을 옹기에 넣어 만든 무덤

돌무지무덤
시체를 땅에 묻고 그 위를 흙이나 돌로 덮은 무덤

덧널무덤
방을 만드는 재료가 나무인 무덤

돌무지 덧널무덤
나무로 방을 만들고 돌을 쌓아 만든 무덤

돌방무덤
돌로 방을 만든 무덤

굴식 돌방무덤
무덤 안에 통로를 만들어 출입구가 있는 무덤

무령왕릉(武호반 무 寧편안할 령 王임금 왕 陵)
충청남도 공주에 있는 백제 무령왕의 무덤

씨낱말
블록 맞추기

제
왕 국

1 [보기]에 있는 나라와 같이 왕이 다스리는 나라를 무엇이라 하는지 쓰세요.

보기

고 구 려	백 제
고 려	조 선

2 주어진 낱말을 넣어 문장을 완성하세요.

1)

제
왕 국

황제가 다스리는 나라는 ☐☐,

국왕이 다스리는 나라는 ☐☐이다.

2)

조 선

대 한 제 국

고려를 무너뜨리고 이성계가 세운 나라는 ☐☐

이고, 고종이 자주 국가를 만들고자 칭한 나라

이름은 ☐☐ ☐☐이다.

3 문장에 어울리는 낱말을 골라 ○표 하세요.

1) 후삼국을 통일하고 왕건이 (고려 / 조선)을(를) 세웠어.

2) 우리 민족이 세운 최초의 나라는 (고조선 / 고구려)(이)야.

4 예문에 어울리는 낱말을 써넣으세요. [한국사]

우리나라 최초의 국가는 ☐☐☐이고, 뒤를 이어 여러 부족이

모여 ☐☐ 왕국을 세웠다. 이중 고구려, ☐☐, 신라는 본격

적인 왕국으로 커 나갔으며 후에 ☐☐가 삼국을 통일했다.

왕국
제국
연맹 왕국
고조선
고구려
백제
신라
발해
해동성국
고려
조선
대한 제국

씨낱말
블록 맞추기

고 분

① [보기]의 낱말과 같이 '총', '능' 등 무덤 중에서도 역사적인 가치가 있는 것을 통틀어 무엇이라 하는지 쓰세요.

보기	금 관 총	천 마 총
	무 령 왕 릉	

② 주어진 낱말을 넣어 문장을 완성하세요.

1)

시신을 옹기에 넣어 매장한 것은 [ ][ ][ ]이고,
무덤에 방을 만들면 [ ][ ][ ][ ]이다.

2)

무덤 중에는 구덩이를 파고 널빤지로 사각형 벽을 만들어 시신을 묻는 [ ][ ][ ], 나무 대신 돌을 넣어 사용한 [ ][ ][ ][ ]이 있다.

③ 문장에 어울리는 낱말을 골라 ○표 하세요.

1) 왕이나 귀족이 죽으면 종을 함께 묻던 (순장 / 매장) 제도가 있었어.

2) 청룡, 주작, 현무 등의 벽화가 고구려 (고분 / 고가)에 그려져 있어.

④ 예문에 어울리는 낱말을 써넣으세요. [한국사]

무덤 중 역사적으로 가치가 있는 오래 된 고대의 무덤을 [ ][ ]이라한다. 무덤 중 왕이나 왕비가 묻힌 곳에는 [ ]을 붙여서 선릉, 영릉,무열왕릉 등으로 부른다.

고분
능
총
패총
순장
널무덤
돌널무덤
독무덤
옹관묘
돌무지무덤
덧널무덤
돌무지 덧널무덤
돌방무덤
굴식 돌방무덤
무령왕릉

우리는 숫자로만 계산할까?

계 산

사과를 아침에 3개, 점심에 4개 먹었다면 몇 개를 먹은 거지?

내 것까지 다 먹었다는 계산인데!

그림에 몇 개의 사과가 있나요? '하나, 둘, 셋, ….'
이처럼 수량을 세는 것을 계산이라고 해요. 정해진 법칙에 따라
수를 셈하는 것도 계산이라고 하지요. 계산의 계(計)는 '세다'는
뜻이고, 산(算)은 '셈하다'라는 뜻이에요.
계산과 비슷한 뜻을 가진 단어로 연산(演算)이 있어요. 연산의
연(演)도 '헤아리다', '계산하다'라는 뜻이 있지요.

수치를 재고, 돈을 내는 계(計)
우리가 일상생활에서 볼 수 있는 기구인 온도계나 수온계, 혈압
계에는 '계'라는 글자가 들어 있어요. 세 기구 모두 온도나 혈압
을 정확하게 재는 기구들이에요. 어떤 일을 예상하거나 고려할
때에도 '계산'이라는 표현을 사용해요.
여행을 다니다 보면 교통편이 바뀔 수도 있고, 쨍쨍하던 날씨가
갑자기 바뀌어 비가 오는 경우도 있잖아요. 우리는 그런 경우까
지 계산해서 여행 준비물을 챙겨야 해요.
비용을 지불할 때도 '계산'을 해요.
식당에서 밥을 먹은 후 식사 비용을 계산하지요.

計 셀 계 | 算 셈 산

수량을 세거나 정해진 법칙에 따라 셈하는 것

■ **연산**(演계산할연 算)
식의 규칙에 따라 계산하는 것
■ **온도계**
(溫따뜻할온 度법도도 計)
따뜻하고 찬 정도를 재는 기구
■ **수온계**(水물수 溫 計)
물의 온도를 재는 기구
■ **혈압계**
(血피혈 壓누를압 計)
혈액의 압력을 재는 기구
■ **계산식**(計算 式법식)
계산 법칙을 식으로 나타낸 것
■ **사칙 연산**
(四녁사 則법칙칙 演算)
덧셈, 뺄셈, 곱셈, 나눗셈을 활
용하는 계산법

복잡한 계산, 사칙연산

'(5+2)×3' 이런 계산식이 있어요.
덧셈, 뺄셈, 곱셈, 나눗셈을 활용
하는 계산법을 사칙 연산이라고 해
요. 사칙이 혼합된 혼합 계산은 괄
호 안의 수를 먼저 계산해야 해요.
옛날에는 주판이라는 계산 도구를
이용해 계산을 쉽게 했는데, 이를

주산이라고 해요. 요즈음은 계산기를 이용하여 여러 숫자를 더
하고 빼는 등 한데 합하여 계산하는 합계를 내기 쉬워졌어요.
계산을 한 후에는 계산 결과가 맞는지 검산하는 습관이 필요해
요. 검산할 때에는 역연산을 이용하면 편리하지요. 연산 과정을
거꾸로 거슬러 올라가 계산하기 전으로 돌아가는 것이 역연산이
에요. 줄여서 역산이라고도 한답니다.

이제 셈 '산' 자를 넣어 계산과 관련된 단어를 알아볼까요?
일정 기간 동안의 수입과 지출을 계산하는 것은 결☐,
계산해 낸 결과를 말할 때에는 ☐출,
한 해 동안의 결산을 통해 내년에 필요한 수입과 지출을 미리 셈
하는 것은 예☐이지요.
한편 일상생활이나 여러 가지 자료에 대해 한꺼번에 몰아서 계산
하는 통계를 낼 때는 한눈에 잘 정리된 표인 통계표로 나타내요.

■ 혼합 계산
(混섞을혼 合합할합 計算)
사칙 연산이 복잡한 계산

■ 주산(珠구슬주 算)
주판으로 하는 셈

■ 합계(合합할합 計)
합하여 계산함

■ 계산 결과
(計算 結맺을결 果열매과)
계산으로 얻은 답

■ 검산(檢검사할검 算)
셈이 맞는지 틀리는지 검사함

■ 역연산(逆거스를역 演算)
계산한 결과를 계산하기 전으
로 돌리는 것 = 역산

■ 결산(決결단할결 算)
총 수입과 총 지출을 계산함

■ 산출(算 出날출)
계산해 낸 결과

■ 예산(豫미리예 算)
수입과 지출을 미리 셈함

■ 통계(統큰줄기통 計)
통으로 한데 몰아서 어림잡아
계산함

■ 통계표(統計 表겉표)
통계 결과를 나타낸 표

호랑이 담배 피던 시절 얘기, 구비 문학

옛날 옛적에…

말로 전해진 이야기가 바로 구비 문학!

'옛날옛날에 토끼가 용왕님을 만나러 갔는데….'
토끼가 용궁에서 탈출하여 돌아오는 '별주부전' 이야기는 언제 읽어도 재미있어요. 그런데 '별주부전'은 지난 방학 때 할아버지가 해 주신 옛날이야기와 내용이 똑같지 뭐예요.
어떤 생각이나 사람의 감정을 글로 표현한 것을 문학이라고 하고, 할아버지가 들려주신 옛날이야기를 구비 문학이라고 해요.
구비 문학이란 입(口)으로 전해 오는 이야기를 기록한 문학이란 뜻이에요.

상상력으로 꾸며진 이야기, 소설

민담은 설화, 전설과 비슷한 뜻으로 오래전부터 전해져 내려온 이야기를 말해요. '콩쥐팥쥐', '선녀와 나무꾼' 같은 전래 동화도 민담이지요.
신화도 있어요. 단군 할아버지, 제우스가 나오는 이야기가 모두 신화예요. 신화는 옛날 사람들의 생각이 들어간 신들의 이야기지요.
해리포터처럼 작가가 상상하여 만들어 낸 이야기는 소설이라고

文 글월 문   學 배울 학

생각이나 감정을 언어로 표현한 작품

■ **구비 문학**
(口 입 구 碑 새길 비 文學)
입으로 전해 오는 이야기를 기록한 문학

■ **민담**(民 백성 민 譚 이야기 담)
오래전부터 전해져 내려오는 이야기

■ **신화**(神 귀신 신 話 이야기 화)
옛날 사람들의 생각이 들어간 신들의 이야기

■ **소설**(小 작을 소 說 이야기 설)
작가가 상상하여 만들어 낸 이야기

■ **판타지 소설**(小說)
가상의 세계를 만들어 내는 소설

해요.

소설에는 가상의 세계를 만드는 판타지 소설, 사랑 이야기를 다루는 연애 소설, 전쟁이나 역사를 다루는 전쟁 소설, 역사 소설 등이 있지요.

그 밖에 붓이 가는 대로 자유롭게 쓴 수필, 영화를 만들기 위한 시나리오도 있어요.

이처럼 우리가 자연스레 말이나 생각을 하는 것처럼 쓰여진 형태의 문학을 산문 문학이라고 해요.

아름다운 노래 같은 시

문학에는 노래를 하듯 운율을 지닌 짧은 글도 있어요.

바로 시지요. 여러 종류의 시를 알아볼까요?

어린이를 위한 시는 동□,

장엄한 전쟁이나 큰 사건에 대해 노래한 서사□,

작가의 그때그때의 느낌, 심정, 감동을 표현하는 서정□가 있어요.

우리나라에만 있는 고유한 형태의 시도 있어요. 바로 시조지요.

시조는 조선 전기에 가장 발달했어요. 특히 세종 대왕 때는 〈용비어천가〉와 〈월인천강지곡〉이라는 노래가 한글로 창작되기도 했지요.

■ **연애 소설**(戀그리워할 연 愛사랑 애 小說)
사랑 이야기를 다루는 소설

■ **전쟁 소설**
(戰싸울 전 爭다툴 쟁 小說)
전쟁을 다루는 소설

■ **역사 소설**
(歷지날 역 史역사 사 小說)
역사를 다루는 소설

■ **수필**(隨따를 수 筆붓 필)
형식 없이 자유롭게 쓰는 글

■ **시나리오**
영화를 만들기 위한 각본

■ **산문 문학**(散흩을 산 文文學)
말이나 생각을 하는 것처럼 쓰여진 형태의 문학

■ **시**(詩시 시)
노래를 하듯 운율이 있는 짧은 글

■ **동시**(童아이 동 詩)
어린이를 위한 시

■ **서사시**(敍차례 서 事일 사 詩)
전쟁, 사건 등을 노래한 시

■ **서정시**
(敍풀어낼 서 情느낌 정 詩)
느낌이나 감정을 노래한 시

■ **시조**(詩 調고를 조)
우리나라 고유의 시

씨낱말
블록 맞추기 계 산

1 공통으로 들어갈 낱말을 쓰세요.

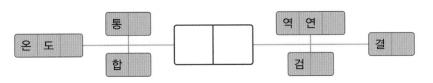

| 계산 |
| 연산 |
| 온도계 |
| 수온계 |
| 혈압계 |
| 계산식 |
| 사칙 연산 |
| 혼합 계산 |
| 주산 |
| 합계 |
| 계산 결과 |
| 검산 |
| 역연산 |
| 역산 |
| 결산 |
| 산출 |
| 예산 |
| 통계 |
| 통계표 |

2 주어진 낱말을 넣어 문장을 완성하세요.

1) 검 / 역 산

셈이 맞는지 확인하는 것은 ☐☐이고, 계산한 결과를 계산하기 전으로 돌려 확인해 보는 것은 ☐☐이다.

2) 계 / 연 산

수량을 정해진 법칙에 따라 셈하는 것은 ☐☐이고, 식이나 규칙에 따라 계산하는 것을 ☐☐이라 한다.

3 문장에 어울리는 낱말을 골라 ○표 하세요.

1) 물체의 따뜻한 정도를 측정하는 기구를 (온도계 / 수온계)라 해.

2) 사칙연산을 풀고 난 후에는 꼭 (검산 / 계산)을 해 봐.

4 예문에 어울리는 낱말을 써 넣으세요. [수학]

덧셈, 뺄셈, 곱셈, 나눗셈을 이용하여 셈하는 것을 ☐☐☐☐이라 하고, 덧셈, 뺄셈, 곱셈, 나눗셈의 사칙이 괄호와 함께 뒤섞여 있는 것을 ☐☐☐☐이라 한다.

1 [보기]의 낱말과 관련이 있으며, 생각이나 감정을 글로 표현한 글을 뜻하는 낱말을 쓰세요.

보기
| 소 설 | 수 필 |
| 동 시 | 시 나 리 오 |

☐☐

2 주어진 낱말을 넣어 문장을 완성하세요.

1)
| | 소 |
| 전 | 설 |

옛날부터 전해 내려오는 이야기는 ☐☐, 작가의 상상력에 의해 이야기로 꾸며낸 것을 ☐☐이라 한다.

2)
		서
		사
서	정	시

역사적 사실이나 신화, 영웅 등의 생애를 쓴 시를 ☐☐☐, 사람의 감정이나 느낌을 표현한 시를 ☐☐☐라 한다.

3 문장에 어울리는 낱말을 골라 ○표 하세요.

1) 옛날 사람들은 모든 자연을 신성시해서 (신화 / 전설)을(를) 믿었어.

2) 형식 없이 너의 생각이나 느낌을 (수필 / 서사)로 써 봐.

4 예문에 어울리는 낱말을 써 넣으세요. [국어]

옛날부터 입으로 전해 내려오는 ☐☐ 문학 중에는 민담, 전설, 신화 등이 있고, 작가의 상상력에 바탕을 두고 만들어 낸 이야기인 ☐☐도 있다. 이와 같은 소설이나 수필처럼 형식에 얽매이지 않고 자유로운 문장으로 쓴 것을 ☐☐ 문학이라고 한다.

| 문학 |
| 구비 문학 |
| 민담 |
| 신화 |
| 소설 |
| 판타지 소설 |
| 연애 소설 |
| 전쟁 소설 |
| 역사 소설 |
| 수필 |
| 시나리오 |
| 산문 문학 |
| 시 |
| 동시 |
| 서사시 |
| 서정시 |
| 시조 |

어휘 퍼즐

정답 | 143쪽

가로 열쇠

2) 다른 물체에 부딪혀 되돌아온 빛
3) 음력 15일 밤에 뜨는 둥근 달
4) 대표자로서 적합한 사람이란 것을 알리는 운동
5) 지진이 처음 일어난 곳
6) 돌로 방을 만든 무덤
7) 지진을 기록하는 기계
9) 아이를 낳을 달
12) 조선 말기, 왕을 황제로 격상하고 나라 이름을 ○○ ○○으로 바꿈
15) 오랫동안 말로 전해져 내려온 이야기
16) 쓸데없이 한 노력

세로 열쇠

1) 달빛, 베토벤의 '○○ 소나타'
2) 반원 모양의 달
3) 일정 나이 이상이면 누구나 선거를 할 수 있는 원칙
5) 흔들리고 움직임
6) 돌을 쌓아 만든 무덤
8) "식당에서 먹은 음식값이 얼마인지 ○○해 보자."
10) 달맞이할 때 불을 태워 밝히려고 나뭇가지를 묶어 쌓아올린 무더기
11) 행동이나 의견이 서로 맞섬, 찬성 ↔ ○○
13) 임금이 다스리는 나라
14) 주몽이 세운 나라
16) 근거 없이 만들어 낸 소문

1 둘의 관계가 다른 하나는? (   ) 국어능력인증시험형

① 공허 : 허무   ② 장구 : 영구

③ 출근 : 결근   ④ 허풍 : 허세

⑤ 형벌 : 처벌

2 밑줄 친 부분을 적절한 한자어로 바르게 대체한 것은? (   ) 국어능력인증시험형

① 버스는 정해진 길을 따라 움직여서 가. → 飛行(비행)

② 은주는 손으로 쥐는 힘이 무척 강한 아이야. → 握力(악력)

③ 아기를 낳을 달이 다가오면서 이모는 신경이 날카로워졌다. → 每月(매월)

④ 창원으로 가는 고속도로 길목엔 이용하기 좋고 편한 휴게소가 있다. → 善意(선의)

⑤ 기술이 발전하면서 사람에게 이롭고 쓰기 편리한 기구가 쏟아져 나왔다. → 人氣(인기)

3 밑줄 친 낱말의 뜻이 바르지 않은 것은? (   ) 국어능력인증시험형

① 그이는 인편으로 편지를 보내곤 했어. → 사람을 통해 보냄.

② 각자의 매력이 잘 드러나도록 해 보자. → 사람의 마음을 잡아끄는 힘

③ 부모님은 이타의 삶을 본보기로 보여 주셨지. → 다른 사람의 이익을 위함.

④ 모임에서 월간지를 발행하기로 의견을 모았어. → 매월 한 권씩 펴내는 잡지

⑤ 아버지는 운수 회사에서 평생을 일하셨어. → 인간의 힘으로 어쩔 수 없는 운을 봐주는 일

4 괄호 안의 한자가 바르지 않은 것은? (   ) KBS 한국어능력시험형

① 역(歷)작   ② 우편(便)   ③ 운(運)반

④ 월(月)세   ⑤ 어부지리(利)

5 밑줄 친 낱말에 대한 설명으로 적절하지 **않은** 것은? (　　)

① <u>막사</u>란 나라가 관리에게 빌려 준 집을 말합니다.

② 자기 몸을 움직여 일하는 사람을 <u>노동자</u>라고 부릅니다.

③ <u>탁상공론</u>이란 탁자 위에서 헛말이 오가는 것을 말합니다.

④ <u>구형</u>이란 검사가 어떤 벌을 내려 달라고 판사에게 요구하는 겁니다.

⑤ 외국인이 그 나라에서 오래 살 권리를 얻었을 때, <u>영주권</u>을 획득했다고 합니다.

6 〈보기〉는 동음이의어와 관련한 설명이다. 빈칸에 들어갈 낱말을 바르게 쓴 것은? (　　)

〈보기〉

(가) 소리는 같지만 뜻이 다른 낱말을 동음이의어라고 합니다. 예를 들면, "한겨울에 바깥에서 동상 처럼 서 있다가는 동상에 걸리기 십상이라고."란 문장에서 앞에 것은 '銅像'으로 구리로 만든 모 양의 설치물이라는 뜻이고, 뒤에 것은 '(가)(　　　)'으로 살갗이 얼어서 다친다는 뜻이죠.

(나) 다른 예로 "노력의 결정이 들어간 작품이니, 심사 위원의 결정과 상관없이 박수를 보낸다."가 있 습니다. 여기서도 '결정'이 동음이의어로 등장합니다. 앞의 한자는 '(나)(　　　)'로 노력의 결과로 얻어진 보람이라는 뜻이고, 뒤에 것은 '決定'으로 결단을 내려 정한다는 뜻입니다.

① (가) – 銅賞 (나) – 結晶　　② (가) – 凍傷 (나) – 潔淨　　③ (가) – 銅賞 (나) – 結晶

④ (가) – 凍傷 (나) – 結晶　　⑤ (가) – 銅賞 (나) – 潔淨

7 문맥에 맞는 낱말을 **잘못** 선택한 것은? (　　)

① 민주가 (손뼉 / <u>박수</u>)(을)를 치며 웃는다.

② 사범님께서 먼저 (<u>모범</u> / 시범)을 보이셨다.

③ 철수는 노력한 만큼의 (결실 / <u>열매</u>)을(를) 맺었다.

④ 평상시에 (작문 / <u>글</u>)을 짓는 노력을 하는 게 중요하다.

⑤ 영수는 민수의 이야기를 (공감을 느끼며 / <u>공감하며</u>) 들었다.

8 〈보기〉의 밑줄 친 (가)~(다)에 들어갈 낱말로 옳은 것은? (   )

┌─〈보기〉─────────────────────────────────
│ '손이 발이 되도록 빌다'처럼 원래 뜻과는 다른 새로운 뜻으로 굳어져 쓰이게 된 표현들이 있습니다. 이런
│ 말을 관용어라고 하죠. 예를 들면, '(가)(   )'는 아는 사람이 많다는 뜻으로 쓰이고, '(나)(   )'는 일정하
│ 게 머물 곳이 없다는 뜻입니다. 손과 관련한 표현으로는, 일처리가 느릴 때에는 '(다)(   )'라고 합니다.
└──────────────────────────────────────

① (가) – 발이 넓다   (나) – 발붙일 곳이 없다   (다) – 손을 씻다

② (가) – 발이 넓다   (나) – 발붙일 곳이 없다   (다) – 손이 뜨다

③ (가) – 발붙일 곳이 없다   (나) – 발이 넓다   (다) – 손이 재다

④ (가) – 발붙일 곳이 없다   (나) – 발이 넓다   (다) – 손이 뜨다

⑤ (가) – 발이 넓다   (나) – 발에 불났다   (다) – 손이 재다

9 한자와 그 뜻이 바르지 <u>않게</u> 짝지어진 것은? (   )

① 旅 – 모자   ② 形 – 형벌   ③ 結 – 맺다

④ 建 – 굳세다   ⑤ 康 – 편안하다

10 〈보기〉의 빈칸 (가)~(마)에 들어갈 한자가 <u>아닌</u> 것은? (   )

┌─〈보기〉─────────────────────────────────
│ 짚이나 갈대로 지붕을 만든 집을 뜻하는 초가의 (가)(   )는 일반적인 집을 말합니다. (나)
│ (   )은 지붕이 있는 집을 말해요. 한옥이나 양옥에서 쓰이는 말이죠. 기숙사나 관사처럼 어떤 목
│ 적에 따라 지은 집에는 (다)(   )를 붙입니다. (라)(   )은 살림살이를 하는 곳에 붙입니다. 가택,
│ 자택 또는 저택에서 예를 찾아 볼 수 있습니다. (마)(   )은 임금이 사는 큰 집을 말합니다. 궁전,
│ 궁궐 등으로 쓰인답니다.
└──────────────────────────────────────

① (가) 家   ② (나) 屋   ③ (다) 舍

④ (라) 宅   ⑤ (마) 弓

⑪ 밑줄 친 부분을 적절한 낱말로 대체하지 않은 것은? (　　) 국어능력인증시험형

① 겉으로 드러난 면이 거칠거칠하다. → 표면

② 두 번째 끓인 한약재인데도 국물이 진하다. → 재탕

③ 방금 잡은 물고기라 살아 움직이는 힘이 넘친다. → 활력

④ 아침에 일어나면 바로 얼굴을 씻는 것이 습관이다. → 가면

⑤ 애쓴 보람도 없이 합창 대회 예선에서 탈락하고 말았다. → 헛수고

⑫ 밑줄 친 낱말의 뜻이 바르지 않은 것은? (　　) 국어능력인증시험형

① 지영은 재기에 성공했다. → 다시 일어남

② 호준이는 허영이 심하다. → 남에게 보이기 위해 거짓된 영광을 좇음

③ 이건 우리 가족의 사활이 걸린 문제다. → 사는 것보다 차라리 죽는 게 나음

④ 인호는 스스로를 표현하는 것이 서툴다. → 감정이나 생각을 언어나 몸짓 등으로 나타냄

⑤ 아버지는 물심양면 지원을 아끼지 않으셨다. → 물질적인 면과 정신적인 면의 양면

⑬ 〈보기〉의 빈칸 (가)～(나)에 들어갈 낱말로 옳은 것은? (　　) 수학능력시험형

〈보기〉
우리나라는 '대한민국은 민주 (가)(　　　)이다.'는 원칙하에 있다. 공화제 중에서는 대통령이 중심이 되어 나랏일을 운영하는 제도인 대통령제와 국민에 의해 선출된 국회 의원이 중심이 되어 나랏일을 운영하는 의원 내각제가 있다. 우리나라는 이 중에서 (나)(　　　)를 선택해 운영하고 있다.

① (가) – 공화국　　(나) – 대통령제

② (가) – 공화국　　(나) – 의원 내각제

③ (가) – 법치국　　(나) – 대통령제

④ (가) – 군주국　　(나) – 의원 내각제

⑤ (가) – 군주국　　(나) – 대통령

138

⑭ 밑줄 친 단어에 대한 설명이나 맥락이 적절하지 않은 것은 (   ) `KBS 한국어능력시험형`

① 일상생활을 하는 범위를 보니, 생활권이 넓군.

② 근거 없는, 엉터리 소문인 헛소문이 돌고 있다.

③ 병이 다시 일어났다고 하는 걸 보니, 재발한 거구나.

④ 한글이나 영어는 표음 문자로서 뜻을 나타내는 문자다.

⑤ 득의만면한 표정을 보니, 기쁜 일이 생긴 게 틀림없다.

⑮ 문맥에 맞는 낱말을 잘못 선택한 것은? (   ) `수학능력시험형`

① (왕국 / 제국)이란 황제가 다스리는 나라를 뜻한다.

② 내년에 필요한 (예산 / 산출) 검토에 의원들이 분주하다.

③ 역사적인 가치가 있는 (고분 / 퇴분)엔 유물이 가득하다.

④ 제우스와 웅녀의 공통점은 (소설 / 신화) 속 주인공이라는 점이다.

⑤ 자기 지역 이익만 생각하는 지역 (민주주의 / 이기주의)를 버려야 한다.

⑯ 〈보기〉의 빈칸 (가)~(다)에 들어갈 낱말을 바르게 짝 지은 것은? (   ) `수학능력시험형`

─〈보기〉─
서로 끌어당기는 힘을 (가)(   )이라고 하고, 이와 반대로 서로 밀어내는 힘을 (나)(   )이라고 합니다. 또 물체의 운동을 방해하는 힘을 (다)(   )이라고 하는데, 얼음이나 평평한 도로에선 이것이 작고, 바닥이 거칠수록 커진답니다.

① (가) – 척력   (나) – 마찰력   (다) – 인력

② (가) – 마찰력   (나) – 인력   (다) – 척력

③ (가) – 인력   (나) – 척력   (다) – 마찰력

④ (가) – 인력   (나) – 마찰력   (다) – 척력

⑤ (가) – 척력   (나) – 인력   (다) – 마찰력

톡톡 문해력 감상문 다음 감상문을 읽고, 문제를 풀어 보세요.

이 그림은 조선 시대 풍속화가인 김홍도가 그린 〈서당〉이에요. 나는 이 그림을 보면서 조선 시대 아이들이 서당에서 공부하는 모습을 생생하게 떠올릴 수 있었어요.

훈장님이 책상 뒤에 앉아 계시고, 아이들이 책상 양옆에 나란히 앉아 있어요. 그런데 훈장님 앞에 앉아 있는 아이는 야단을 맞았는지 눈물을 훔치고 있어요. 입을 가리고 있는 아이는 친구에게 답을 알려 주는 것 같고요. 어떤 아이는 책을 앞으로 쓱 내밀고 있어요.

나는 이 그림을 보고 "옛날에도 공부하기 싫어하는 아이들이 있었구나." 하는 생각을 했어요.

1 글쓴이는 어떤 작품을 보고 이 글을 썼나요?

(   )

2 이 작품은 무슨 장면을 그린 것인지 쓰세요.

3 밑줄 친 낱말과 바꿔 쓸 수 있는 것은? (   )

① 도둑질을 하고   ② 닦고   ③ 흘리고   ④ 삼키고

4 이 글의 내용과 다른 것은? (   )

① 〈서당〉은 조선 시대 화가인 김홍도가 그렸다.

② 조선 시대 아이들은 서당에서 공부했다.

③ 조선 시대에는 공부하기 싫어하는 아이들이 없었다.

④ 이 그림을 보면 조선 시대 서당의 모습을 알 수 있다.

톡톡 문해력 연설문 **다음 연설문을 읽고, 문제를 풀어 보세요.**

> 안녕하세요? 저는 이번 학급 반장 선거에 출마한 아울이입니다. 제 친구들은 저를 '4월의 햇살'
> 이라고 부릅니다. 제 별명처럼 저는 우리 반을 따뜻함이 흘러넘치는 반으로 만들겠습니다.
> 첫째, 점심시간 후에 친구들이 어울려 재미있는 시간을 보낼 수 있도록 하겠습니다. 이를 위해
> 서 보드게임이나 줄넘기나 공 같은 운동 기구를 준비하겠습니다.
> 둘째, 우리 반을 쓰레기가 없는 깨끗한 곳으로 만들겠습니다. 이를 위해 쓰레기가 보이면 제가
> 먼저 주워서 쓰레기통에 넣겠습니다.
> 셋째, 친구들 사이에 다툼이 생겼을 때 대화로 해결하도록 돕겠습니다. 서로 배려하고 양보하
> 여 왕따 없는 반을 만들겠습니다.
> 저 아울이는 공약을 반드시 지키겠습니다. 저를 반장으로 뽑아 주십시오.

1 **글쓴이가 이 글을 쓴 목적은 무엇인지 쓰세요.**

2 **이 글의 내용과 <u>다른</u> 것은? (   )**

① 글쓴이는 학급 반장 선거에 출마했다.

② 글쓴이는 반장이 되면 따뜻함이 흘러넘치는 반을 만들겠다고 했다.

③ 글쓴이는 보드게임이나 운동 기구를 준비해 놓겠다고 했다.

④ 글쓴이는 공약을 지킬 생각이 없다.

3 **여러분이 반장이 된다면 어떤 반을 만들고 싶은지 쓰세요.**

정답

1장 씨글자

運 움직일 운 |10~11쪽

1. 運
2. 1) 운전 2) 운영 3) 운송 4) 운임 5) 운수 대통
3. 1) 국운 2) 운수 3) 행운 4) 운임 5) 운전
4. 1) 운반 2) 해운 3) 행운 4) 운행
5. 해운, 운반, 운송, 운수, 운임, 통운
6. 1) 선 2) 비

力 힘 력 |16~17쪽

1. 力
2. 1) 국력 2) 자력 3) 초능력 4) 매력 5) 협력
3. 1) 청력 2) 권력 3) 상상력 4) 포용력 5) 결단력
4. 1) 세력 2) 시력 3) 통솔력 4) 추리력
5. ③
6. 1) 강력 2) 인내력 3) 폭력 4) 노력

便 편할 편 |22~23쪽

1. 便
2. 1) 우편 2) 간편 3) 편싸움 4) 차편 5) 연애편지
3. 1) 편 2) 인편 3) 편의점 4) 편들기
4. 1) 불편 2) 우편 3) 우편 번호 4) 편찮으셔서
5. 1) 편 2) 불편
6. 1) 편지 2) 차편으로 3) 간편해 4) 편안해 5) 편을 나누지

利 이로울 리 |28~29쪽

1. 利
2. 1) 유리 2) 불리 3) 이용 4) 이해득실 5) 사리사욕
3. 1) 이기 2) 이점 3) 이득 / 이익 3) 예리
4. 1) 이점 2) 이용 3) 유리
5. 리망의
6. 1) 실리 2) 편리 3) 손해 4) 공리

달 |34~35쪽

1. 달
2. 1) 보름달 2) 반달 3) 달맞이 / 달마중 4) 월급 5) 월간지
3. 1) 온달 2) 달력 3) 윤달 4) 달무리
4. 1) 달맞이꽃 2) 동짓날 3) 달포 4) 월초
5. 1) 온달 2) 초승달 3) 반달 4) 윤달
6. 1) 월 2) 달, 이 3) 산달

빛 |40~41쪽

1. 빛
2. 1) 빛내다 2) 빛살 3) 봄빛 4) 구릿빛 5) 야광
3. 1) 일광 2) 채광 3) 야광 4) 섬광
4. 1) 자연광 2) 전광판 3) 광택 4) 흙빛
5. 1) 쪽빛 2) 잿빛 3) 풀빛
6. ①

낱말밭

勤勞 근로 |46쪽

1. 근로
2. 1) 출근, 퇴근 2) 근무, 야근 3) 개근, 결근 4) 노조, 노사
3. 1) 출근 2) 개근 3) 피로 4) 근면 5) 노사

空虛 공허 |47쪽

1. 공허
2. 1) 공중, 공군 2) 영공, 공습 3) 진공, 공기 4) 허약, 허비
3. 1) 허비 2) 허약 3) 공기 4) 공습 5) 영공

永久 영구, 長久 장구 |52쪽

1. 영구
2. 1) 영원, 영생 2) 장신, 장기 3) 장구, 장사진
3. 1) 영주 2) 영결식
4. ②

形罰 형벌 |53쪽

1. 형벌
2. 1) 천벌, 엄벌 2) 체벌, 처벌 3) 사형, 형벌
3. 1) 화형 2) 극형 3) 벌칙
4. ①

家屋 가옥 |58쪽

1. 가옥
2. 1) 성당, 서당 2) 회관, 도서관 3) 병원, 학원
3. 1) 저택 2) 기숙사 3) 망루 4) 병원
4. 천막, 안방, 학교, 기차역, 군대, 지하

대장, 대장 |59쪽

1. 1) 동상, 동상 2) 결정, 결정
2. 1) 동요動搖, 동요童謠 2) 동상銅像, 동상凍傷
   3) 결정結晶, 결정決定
3. 1) 대장(大腸) 2) 대기(待機) 3) 동요(童謠)

결실 |64쪽

1. 1) 공감하다 2) 순찰하다 / 돌아보다
2. 1) 계속하다 2) 수확하다 3) 유언하다 4) 졸업하다
3. ④

장수, 장수 |65쪽

1. 1) 장수 2) 장수
2. 1) 신부新婦, 신부神父 2) 인정人情, 인정認定
   3) 의지意志, 의지依支
3. ②

튼튼, 건강 |70쪽

1. 1) 생기다 2) 건강
2. 1) 신속 2) 다스릴
3. 1) 닦아 2) 씻어
4. ③

손이 발이 되도록 빌다 |71쪽

1. 손발
2. 1) 손이 발이 되도록 빌다 2) 발이 넓다 3) 발이 묶이다
3. 1) 손이 빨라서 2) 발 디딜 틈이 3) 커서
4. ⑤

어휘 퍼즐 |72쪽

	¹¹공	²상		⁷어		⁹인	
		상		부	⁸내	구	¹¹성
	³노	력	⁴지	구	력		당
		동		⁵불	리		
⁴전	자	⁶우	편		¹²탁	상	¹³공 론
력		수					중
					¹⁴신		전
				¹⁵고	용	노	¹⁷동 부
					기		요

집필위원

정춘수	권민희	송선경	이정희	신상희	황신영	황인찬	안바라
손지숙	김의경	황시원	송지혜	황현정	서예나	박선아	강지연
강유진	김보경	김보배	김윤철	김은선	김은행	김태연	김효정
박 경	박선경	박유상	박혜진	신상원	유리나	유정은	윤선희
이경란	이경수	이소영	이수미	이여신	이원진	이현정	이효진
정지윤	정진석	조고은	조희숙	최소영	최예정	최인수	한수정
홍유성	황윤정	황정안	황혜영	신호승			

문해력 잡는 초등 어휘력 B-2 단계

글 황신영 손지숙 김의경 황시원 송지혜
그림 박종호 쌈팍
기획 개발 정춘수

1판 1쇄 인쇄 2025년 1월 16일
1판 1쇄 발행 2025년 1월 31일

펴낸이 김영곤 **펴낸곳** ㈜북이십일 아울북
프로젝트2팀 김은영 권정화 김지수 이은영 우경진 오지애 최윤아
아동마케팅팀 명인수 손용우 양슬기 이주은 최유성
영업팀 변유경 한충희 장철용 강경남 김도연 황성진
표지디자인 박지영 임민지

출판등록 2000년 5월 6일 제406-2003-061호
주소 (우 10881) 경기도 파주시 문발동 회동길 201
연락처 031-955-2100(대표) 031-955-2122(팩스)
홈페이지 www.book21.com

ⓒ ㈜북이십일 아울북, 2025

ISBN 979-11-7357-047-6
ISBN 979-11-7357-036-0 (세트)

・ 제조지명 : ㈜북이십일	・ 제조연월 : 2025. 01. 31.
・ 주소 : 경기도 파주시 회동길 201(문발동)	・ 제조국명 : 대한민국
・ 전화번호 : 031-955-2100	・ 사용연령 : 3세 이상 어린이 제품